PATOS E LOBOS-MARINHOS

Conversas sobre literatura e juventude

Sara Bertrand

PATOS E LOBOS-MARINHOS

Conversas sobre
literatura e juventude

Tradução Cícero Oliveira

Título original: *Patos y lobos: Conversaciones sobre literatura y juventud*
© do texto: Sara Bertrand
© desta edição: Selo Emília e Solisluna Editora, 2021

EDITORAS: Dolores Prades e Valéria Pergentino
COORDENAÇÃO EDITORIAL: Belisa Monteiro
TRADUÇÃO: Cícero Oliveira
PREPARAÇÃO E EDIÇÃO: Lenice Bueno
REVISÃO: Cícero Oliveira
PROJETO GRÁFICO E DIAGRAMAÇÃO: Mayumi Okuyama

Este livro não pode ser reproduzido no todo ou em partes sem a autorização por escrito dos detentores dos direitos autorais.

A grafia deste livro segue as regras do
Novo Acordo Ortográfico da Língua Portuguesa.

Dados Internacionais de Catalogação na Publicação (CIP)
de acordo com ISBD

B548p Bertrand, Sara
Patos e Lobos-Marinhos: conversas sobre literatura e juventude / Sara Bertrand ; traduzido por Cícero Oliveira. – Lauro de Freitas : Solisluna Editora ; São Paulo : Selo Emília, 2021.
152 p. ; 13,5cm x 18cm.

Tradução de: Patos y Lobos
Inclui bibliografia.
ISBN 978-65-86539-23-3

1. Literatura. 2. Juventude. 3. Reflexões sobre juventude. 4. Literatura sobre juventude para professores. I. Oliveira, Cícero. II. Título.

2021-400
CDD 800
CDD 8

Elaborado por Vagner Rodolfo da Silva – CRB-8/9410

Índice para catálogo sistemático:
1.Literatura 800 2.Literatura 8

Selo Emília
www.revistaemilia.com.br
editora@emilia.com.br

Solisluna Editora
www.solisluna.com.br
editora@solisluna.com.br

SUMÁRIO

NOTA PRELIMINAR 6

BOAS-VINDAS 11

PATOS E LOBOS-MARINHOS 20

A LÍNGUA E SUAS MIGRAÇÕES 32

A REVOLUÇÃO DOS HORMÔNIOS 42

DANÇAR, CANTAR, CONTAR 58

QUAL É O MEDO DENTRO DA LINGUAGEM? 72

MULHERES NAS HORAS VAGAS 82

POR QUE ESCREVI 98

UM PASSO À FRENTE 109

FUGA 122
Contra nossa espécie (incêndios vermelhos e pretos) 123
Ler no cemitério 132

NOTAS BIBLIOGRÁFICAS 141
BIBLIOGRAFIA 146
AGRADECIMENTOS 151

Nota preliminar

Devia ter sete anos quando vi um lobo do mar pela primeira vez. Tínhamos viajado para o porto de San Antonio (no Chile) durante a Semana Santa, e a emoção em virtude dos ovinhos de chocolate se viu ofuscada por esses animais marinhos de seis ou sete metros e até 500 quilos de gordura. Enormes, presas e bigodes grandes também, não costumam ser agressivos, mas são muito territoriais – e é aconselhável avistá-los antes de ir para o mar, porque ninguém está isento de ser confundido com um pedaço de truta fresca. Habitam, quase sem exceção, a costa chilena do Pacífico e, com o tempo, habituamo-nos a vê-los em um precário equilíbrio em cima de uma balsa ou de uma rocha, sempre em grupos de seis ou dez, sem pressa, sem se preocupar em rosnar; até a comida, um pedaço de peixe, pode desencadear uma dança impressionante, e seus soluços, o som profundo de uma caverna.

Como disse, devia ter uns sete anos, e eu e minha prima queríamos tirar uma foto com eles. Apontamos para a rocha, ficamos nas laterais da lente, e pensamos que, na foto, os lobos gigantescos sairiam em cima de uma pedra e nós ficaríamos no topo do cais. O resultado foi um fiasco, claro: nossos sorrisos e dentes de leite ocupam cada quadro e, dos lobos, apenas uma rocha pode ser vislumbrada entre nossos ombros.

*Vamos bater com a cabeça na borda dos limites (...)
Esta guerra é travada contra um sistema de
vida cuja chave é a literatura de propaganda.*

GEORGES BATAILLE

Boas-vindas

"*Vamos bater com a cabeça na borda dos limites*": a injunção de Bataille não deixa margem para dúvidas, a Literatura, enquanto expressão artística, não pode ser subordinada a nenhum outro fim que não seja a representação de um absoluto – emoção, ideia, fenômeno –, aquela imagem que o artista observa com urgência, um certo tremor que o desvela; sua devoção, sua militância, é permanecer leal ao que ele tenta expressar, mesmo quando parece que, no exercício, ele se afasta, deixando escapar palavras e significados. Escrever não é fácil. "Ler é o normal, e ler é prazeroso; é até mesmo elegante ler. Escrever é um caso de masoquismo; ler, às vezes, pode ser um caso de sadismo, mas geralmente é uma ocupação interessante",* disse

---

* Entrevista do escritor à emissão televisiva *Off the record*, um programa de literatura apresentado pelo jornalista Fernando Villagrán (atualmente difundido pelo canal chileno 13C), que foi depois publicada em BOLAÑO, R. *Bolaño por sí*

certa vez Roberto Bolaño, porque a palavra escapa, a imagem se esconde. Poderíamos ampliar as coisas e dizer que não é fácil pintar, dançar, cantar, compor, filmar, em outras palavras, submeter um silêncio, linguagem ou momento a uma determinada expressão. Capturar a vida, como definiu Tarkovski, é o jogo do artista, seu próprio sentir, de tornar visível a boca gigantesca de um lobo-marinho,* sua expiração no meio da tarde, alerta para patos, gaivotas e pássaros; a forma como os cisnes se apropriam da água, roçando-a suavemente, e o som metálico das corujas na escuridão, imagens que nossa espécie tentou captar desde que habita este frágil planeta. Em *Direito à literatura*, Antonio Cândido resume isso assim: "A literatura aparece claramente como manifestação universal de todos os homens em todos os tempos. Não há povo

---

mismo. Edición de Andrés Braithwaite. Santiago: Ediciones UDO, 2006. [N.T.].

* Os lobos mencionados aqui e no decorrer do livro são os chamados leões-marinhos-da-patagônia, uma espécie encontrada no Chile, no Equador, no Peru, no Uruguai, na Argentina e nas costas do sul do Brasil. Nos países hispano-falantes da América do Sul, é mais comumente conhecido como *lobo marino, león marino ou otario de la Patagonia*, donde o título escolhido pela autora. [N.T.]

e não há homem que possa viver sem ela, isto é, sem a possibilidade de entrar em contato com alguma espécie de fabulação".[2]

A arte nos permite traduzir o cotidiano, torná-lo compreensível ao entendimento e à emoção. Dizer ou calar, ferramentas habituais, são também poderosas palavras que criam realidade, transformadas em munição. Não qualquer uma, isso sim, nosso compromisso é estético e humanista, permitir que a beleza das coisas se expresse de tal modo que se torne visível a todos. As conversas incluídas neste livro sobre escrita e leitura ocorreram principalmente no Brasil, durante os anos de 2018 e 2019, no âmbito das atividades organizadas e/ou patrocinadas pelo Laboratório Emília de Formação ou pelo Instituto Emília, organizações irmãs, que se tornaram minha casa nesta terra que conheci e amei, como se ama os bons amigos, esses com quem você participa de bons e maus momentos, e, sobretudo, aqueles com quem compartilha afinidades e resistências. E destaco a palavra resistência, porque nesse momento a pressão que se exerce sobre os livros, especialmente os dirigidos para meninos, meninas e jovens, está sendo afetada por um novo tipo de moralismo paroquiano, como se a literatura para elas e eles devesse cuidar unicamente de entretê-los, mostrando-lhes um mundo de problemas anódinos, onde a formação do pensamento crítico seja praticamente inexistente. Preferimos apartá-los da conversa coletiva, desse espaço de reunião e sentimento comum, de sua responsabilidade política e social futura, como se essa conversa fosse lhes chegar em um momento indefinido, não sabemos qual, mas o que isso importa para nós, jovens são jovens, pensamos, como se esse fato, sua juventude, os eximisse de fazer parte da sociedade em que vivem. Temermos falar de sexo, como se o corpo físico fosse diferente do corpo social; as mudanças começam no corpo, em todos os corpos, e devemos prepará-los para elas. Tal como nossas sociedades, como podemos avançar ignorando guerras, ditaduras ou revoluções? Não é possível. A literatura é conversa, um livro é a possibilidade desse encontro. Não subestimar os jovens, então, é cuidar da própria vida, de suas divagações e seus tropeços. Assim, quando nosso continente, o mundo inteiro, se sacode e se mobiliza, quando os extremos pressionam para deter o livre trânsito do pensamento, quando grupos de pressão pugnam pelo retorno ao discurso moral conservador e fazem objeção a temáticas e livros por considerá-los sediciosos ou grosseiros, a questão sobre o papel das artes se torna irrenunciável, porque, subitamente, esse *status quo* com que os pós-guerras mundiais, as revoluções e as ditaduras do século xx nos presentearam, incomoda; o sistema capitalista e neoliberal que adveio, tremendamente funcional em sua forma de monopolizar espaços, nos mostrou com que facilidade desumanizamos a cena, com que rapidez voltamos às nossas individualidades e conforto, esquecendo o coletivo como se fosse incendiário. A matéria da arte, e a literatura em particular, é o coletivo, a praça pública. Toda vez que pegamos um livro, apelamos para essa tradição, a do fogo, como quando nossos ancestrais se reuniam em meio à escuridão para paliar o medo da noite, e contavam histórias uns aos outros. A leitura reúne e, por meio da palavra, carrega de sentidos comuns, formas de sentir comuns, aquilo que merece ser nomeado e, em que pesem nossas diferenças, nos aproxima como membros da mesma espécie. Que tipo de conversa queremos promover em nossos jovens? Sobretudo, que tipo de seres humanos esperamos formar?

Bater nas bordas, estender fronteiras, ir além dos limites e preconceitos, hoje em dia, é urgente, porque ser jovem é despertar para o discurso; é romper as bordas de uma narrativa com a qual eles foram recebidos durante a infância, para encontrar uma linguagem própria. Colocar a linguagem à prova é típico de sociedades e juventudes, e talvez também um dos problemas da adolescência que vivemos como sociedade latino-americana, tateando uma língua que, ao que parece, ainda não terminamos de sentir como nossa, pois ainda não nos decidimos aceitar suas inflexões e, sobretudo, suas migrações. Somos esse continente conquistado, esse continente que, de uma hora para outra, passou da infância para a adolescência, como diz Gabriela Mistral, nascidos monstruosamente, obrigados a rejeitar costumes, crenças e paisagens para adorar outros. Não tivemos a chance de construir a civilização, apenas uma estética ou uma cultura, mas ainda é suficiente, porque nosso continente está vivo, vimos isso em manifestações culturais, na defesa dos territórios indígenas, na luta por uma educação que permita encurtar a lacuna social e ofereça igualdade de oportunidades a tantos jovens e adolescentes; a luta que tantas mulheres levam adiante para serem ouvidas e alcançar paridade. Somos esse continente que imagina outras formas de fazer. Os textos reunidos neste livro, sobre literatura pensada para adolescentes e jovens, abordam essa vibração sob diferentes pontos de vista, a voz das mulheres;

a sonoridade de nossa língua; o medo da linguagem e dos livros como representações da música dos povos, conversas que visam refletir sobre a materialidade da língua, a diversidade de discursos e, especificamente, representações e significados.

Um livro é sempre uma pergunta. Não qualquer livro, claro. Popularizou-se a ideia de que o importante é que meninos, meninas e jovens leiam, ao passo que aquilo que se vai ler não é algo irrelevante. Há livros tremendamente falsos; artificiais; livros feitos sob medida para *focus group*; livros pensados para agradar seus leitores adolescentes e jovens sem o menor senso de estética ou responsabilidade; eles não questionam ou subvertem, somente procuram entreter, e isso é imperdoável. A indústria editorial pode produzir os livros que desejar, mas na sala de aula, na praça pública, que é o espaço de debate e contenção por excelência, garotos e garotas merecem encontrar sua própria voz.

Ser jovem não é um espaço indefinido, é esse motor capaz de arrasar com a superfície; não é um poder de compra, é escolher o que pensar e escolher batalhas. Ser jovem é interpelar o cotidiano com irreverência muitas vezes, até mesmo com desatino, mas sempre perto do fogo e com esse poderoso gesto de apropriação, imitando nossos antepassados há milhares de anos, conquistar um espaço para ressignificá-lo. Hoje estamos em dívida. O que ler é fundamental para eles, vamos dar-lhes ferramentas para que desenvolvam seu pensamento, leituras que lhes permitam bater na borda dos limites.

Sara Bertrand
Santiago, janeiro de 2020

Patos e lobos-marinhos

(Notas sobre linguagem,
ordem simbólica e discurso político,
algumas perguntas; um texto)

Fundamentalmente, corromper os jovens quer dizer uma coisa: tentar fazer com que eles não entrem nos caminhos já traçados, que não se devotem simplesmente a uma obediência aos costumes da cidade, que possam inventar algo, propor uma outra orientação.*
ALAIN BADIOU

Os patos são disciplinados – nadam, vegetam, se alimentam e avançam em grupo –, embora pareça que eles não vão a lugar algum quando se movem alguns

---

* BADIOU, A. *La vraie vie*. Paris: Fayard, 2016, arquivo kindle. No original: "Fondamentalement, corrompre la jeunesse cela veut dire une seule chose : tenter de faire que la jeunesse ne rentre pas dans les chemins déjà tracés, qu'elle ne soit pas simplement vouée à une obéissance aux coutumes de la cité, qu'elle puisse inventer quelque chose, proposer une autre orientation en ce qui concerne la vraie vie".

metros para a frente e outros para trás. De todo modo, sua forma de mapear as águas tem algo de posto avançado militar: em linha, seis de um lado, seis do outro, um bumerangue que se abre para os lados. Às vezes, substituem a linha pelo círculo; essa formação é menos eficiente, dificilmente se movem assim, mas, em vez disso, desenham uma esfera perfeita que brinca de aparecer e desaparecer. Sua rotina é previsível e fascinante: eles mergulham partindo das extremidades, direita ou esquerda, e, segundos depois, ainda que às vezes se passem minutos, emergem da mesma maneira ordenada. A água os envolve por toda parte; às vezes o vento os sacode, para cima e para baixo, e eles se deixam levar pela maré, pelo marulho. A situação se repete sem variações dia após dia, hora após outra. Guardo um registro mental de seus movimentos, quando algum deles é deixado para trás, quando outro mergulha e aparece longe do grupo e nada apressadamente para alcançá-los, quando seguem nessa fileira perfeita e a boca de um lobo-marinho engole dois ou três, numa única bocada, uma derrota sem estardalhaços. Os patos não gritam, apenas adejam e voltam a formar uma linha ou círculo, como se aqueles que se foram nunca tivessem estado ali. Não sei se, no cair da noite, em sua toca, farão um ritual lembrando os caídos ou alguma forma de luto, mas não revelam nenhum sinal de dor quando o elegante movimento do lobo-marinho leva alguns deles, e isso é impressionante, porque estes últimos medem três metros de comprimento e têm trezentos quilos de gordura, pelagem e presas, e na praia ou sobre as rochas, costumam ser muito desajeitados e lentos, mas na água, sua cadência é a de uma esmerada bailarina.

A primeira vez que presenciei o assassinato estava olhando para o canal, sentada em uma confeitaria – uma brisa corria, nem quente nem fria. Era, em suma, uma tarde perfeita, até aquele momento, quando patos e lobos-marinhos se mostravam em toda a sua estranheza. Um golpe que me colocou nos antípodas; queria gritar como uma lunática, alertar alguém, mas não existe algo como uma polícia marítima que persiga o lobo-marinho nem colete testemunhos de parentes e amigos patos. A distância entre a forma deles e a minha era abismal.

> Soube que vou morrer;
> disse a mim mesma
> que vou morrer, disse
> e agradeci pela pena,

pelo esquecimento, feito; disse
a mim mesma: pense como
um pássaro que constrói seu ninho,
pense como uma nuvem, como
as raízes do vidoeiro anão
pense como pensa a folha
de uma árvore, como pensam a sombra e a luz.*

Durante séculos, temos olhado para nosso umbigo, absortos em nossa natureza, nossos corpos, nossa civilização, e nisso colocamos todo empenho e graça. Costumamos pensar em absolutos, como se nosso lugar neste planeta fosse esse, o de donos do mundo.

---

* CHRISTENSEN, I. *Alfabeto*. Traducción de Francisco J. Uriz. Ciudad de México: Sexto Piso, 2014. Em espanhol: "Me he enterado de que voy a morir;/ me dije a mí misma/ que voy a morir, lo he dicho,/ y he dado las gracias por la pena,/ por el olvido, hecho; me dije/ a mí misma: piensa como/ un pájaro que construye su nido,/ piensa como una nube, como/ las raíces del abedul enano/ piensa como piensa una hoja/ de un árbol, como piensan la sombra y la luz".

A versão para o português desta e das próximas poesias foi feita a partir do espanhol, língua original utilizada pela autora. Quando não indicados os respectivos tradutores, a versão é nossa [N.T.].

Não pensamos como os cães, as clematites – que nascem velhas, exóticas e sensuais, uma flor que se abre pouco a pouco ao mistério, enrugada e escura. Tampouco pensamos como as cascas das árvores, as conchas do mar ou a cordilheira que olhamos e admiramos como se tivesse sido plantada ali apenas para nosso prazer. Menos ainda pensamos como outra raça, outra pele, outra beleza. Costumamos olhar com preconceitos herdados, nosso pertencimento a um país, cidade, classe social ou educação, e parece que não temos nada a contribuir ou destruir, porque com que rapidez nos adaptamos!, como se tudo estivesse dito, como se, com os mitos gregos, que falaram sobre tudo ou quase tudo, se tivesse esgotado a imaginação dessa parte ocidental do planeta. Também não pensamos como pensam os homens ou as mulheres, geralmente esperamos que cada um se comporte de acordo com seu sexo, porque isso está normatizado, porque foi escrito, publicado e arquivado. E assim seguimos, nem para frente nem para trás, tal como patos quando formam círculos e deixam que a maré os leve.

É como se a orientação mais básica de uma pessoa diante do mundo e do significado de suas experiências pudesse estar predefinida de alguma forma, como a altura ou o número do sapato, ou ser absorvida da cultura, como a linguagem. Como se nosso modo de construir significados não fosse na verdade uma questão de escolha íntima e intencional, de decisão consciente.[3]

Aprender a pensar parece simples, uma tarefa acessível a qualquer ser humano com acesso à educação, damos por certo que o jardim de infância, a escola ou a universidade fornecem os critérios necessários para evitar algum tipo de tirania ou prisão, como se aprender um determinado currículo fosse garantia de entendimento, e não é bem assim. Se assim fosse, de fato, o mundo não estaria no estado de tensão em que se encontra, com focos de violência e mal-estar por toda parte, um ressentimento generalizado contra uma causa que esconde, na realidade, uma profunda frustração diante da ordem em que vivemos, do sistema que impera. Se tivéssemos parado para pensar no outro, o diferente, provavelmente teríamos entendido há muito tempo a distância que nos separa do mundo animal, sua geografia e flora; teríamos compreendido que as fronteiras são o mar, a cordilheira dos Andes, o deserto do Saara, os montes Urais, o gelo siberiano ou a floresta amazônica, para citar algumas. Falamos de espaços físicos gigantescos e indomáveis, lugares que supõem expedições complexas, que rapidamente nos situam na fragilidade de nossa espécie, porque uma fronteira natural é, por definição, uma lição de humildade. Chega-se aí sem realmente saber como se sairá. Além disso, o que mais sabemos sobre o mar? Ele tem sido o nosso depósito de lixo, vão parar ali uma infinidade de porcarias, sacolas, sapatos, brinquedos, remos, petróleo e outros detritos; em nosso imaginário, o mar é essa boca de lobo-marinho que traga numa mordida. De sua inteligência, transpasses, mistérios, buracos negros e vulcões ouvimos falar de longe, como se a voz das sereias fosse na verdade um eco silencioso, porque vivemos presos ao chão. E perpetuamos o ensino de uma geografia política dada pela guerra e suas flores do mal. Nos globos terrestres que as crianças manuseiam com tanta surpresa, passando os dedos de um continente para outro, há tanto sangue quanto os milhões de litros que circulam nos habitantes que os povoam. Então, sair dessa configuração mental, como adverte Foster Wallace, é uma questão que se decide. Ou se ensina.

A crise que nossa sociedade atravessa, e penso em meu país, mas incluo os da região e do resto do mundo, é complexa; ela não se limita apenas às demandas do povo, salários baixos, aumentos nos preços do transporte, alimentação, precariedade na cobertura de necessidades básicas; esses são sintomas de algo mais profundo, é a queda na ordem simbólica agravada pela transferência do mundo das ideias para o mundo do dinheiro e, consequentemente, para a falta de um quadro sociopolítico que faça sentido. Uma crise que não tem mais nenhuma liderança senão a chama acesa na manifestação popular, atomizada em milhares de grupos e subgrupos que lutam pelos direitos das minorias, o sistema de aposentarias, transporte ou impostos; incêndios que se inflamam com fúria e se apagam com mais violência, militares nas ruas e o barulho de helicópteros entrando pelas janelas, cenas que doem porque lembram do quão perto nos aproximamos da espada, do garrote, de com que leviandade vamos contra os corpos, subestimando o espaço público, sua diversidade e riqueza.

Provavelmente, para entender o que acontece em nossas cidades, o mal-estar da sociedade civil, devêssemos remontar à Revolução Francesa, esse momento que marca a quebra da ordem tradicional em busca de uma igualdade e liberdade que todos os seres humanos anseiam possuir: liberdade de governar a nós mesmos, de dialogar, de fazer de nossa comunidade um espaço de encontro e símbolos; em algum momento, porém, esquecemos a política, enterramos a ideia de deus, isto é, de uma ordem capaz de carregar de sentido místico nossos relatos e, pulando, desprezamos toda narrativa e a substituímos pela lógica do dinheiro. Pensamos que esse sistema, que carece de símbolos e ritos, bastaria para nos ordenar e nos fazer sentir que o esforço valeu a pena, mas a existência é complexa, assim como as sociedades, frágeis conjuntos de reunião, e quando o dinheiro se expressou em cada um de nossos espaços, quando ele se transformou no ordenador comum de nossos mínimos movimentos, desaparecendo o bem comum e saturando o bem privado, o bem-estar pessoal se traduziu em individualismo. Nesse espaço, sem risco ou atrito, rechaçamos qualquer gesto coletivo. Porque quando o lobo, num movimento elegante, engole dois patos, e estes se reorganizam numa nova linha, ainda que nos pareça muito difícil de assistir, entendemos que na água prevalece uma ordem social que os transcende e para a qual cada membro dessa fauna contribui da melhor maneira possível.

"A política é um procedimento de busca da verdade, mas que se centra no coletivo. Em outras palavras, a ação política cria verdade a partir daquilo que o coletivo é capaz.

Do que são capazes os indivíduos quando se reúnem, organizam, pensam e decidem?".

Precisamos de jovens que assumam a tarefa de se reunir, se organizar, pensar e decidir. Precisamos de uma ordem que nos satisfaça e encha de sentido. Devolver a política ao mundo das ideias, afastando-a do dinheiro e dos interesses pessoais é urgente, mas, para isso, é necessário um esforço supremo em educação. Aprender a pensar, sair de meu próprio espaço para entender o espaço público e escolher o que fazer e dizer, requer educação, educação, educação, educação – gostaria de repetir essa palavra ao modo dos poetas experimentais, mas entendamos isso da seguinte forma: preparar nossos jovens estudantes para que desenvolvam pensamento político, questionem suas próprias crenças e interpretem esse papel da juventude que é tão necessário para as sociedades e que oscila entre a construção do que nos faz sentido e a destruição do que nos paralisa, exige boa educação. Muitas décadas dormimos o sono da sociedade de consumo, a arrogância da apropriação, é hora de voltar ao lápis e papel, que nossos meninos e meninas possam traçar seus caminhos e propor uma nova orientação.

E para isso, o que ler importa. Para nutrir o pensamento crítico é necessária literatura pura e sólida. Que não nos esqueçamos disso.

A língua e suas migrações

Discurso inaugural para a Fiesta del Libro y la Cultura de Medellín – *Somos expedicionarios*, lido durante a abertura em 6 de setembro de 2019 e posteriormente publicado pelo jornal *El Espectador*, da Colômbia, brevemente modificado para este livro.

Chile. Uma longa risca no fim do planeta, uma rachadura apenas, uma linha de vales transversais entre a cordilheira e o mar, definitivamente, um país minúsculo; dezessete milhões de habitantes, em todo o comprimento e largura. Somos esse rincão e, talvez, por isso mesmo, poderíamos dizer que conhecemos bem as expedições, abrir caminho supôs para nós, desde o início, franquear o maciço dos Andes ou atravessar as águas do Pacífico, fronteiras gigantescas que nos obrigaram a forjar um certo caráter, uma certa persistência e, em nosso imaginário, essa piada nacional que assegura que, em toda catástrofe mundial ou acontecimento de importância, sempre haverá um chileno para contá-la. Esse cidadão comum, esse caminhante que um dia abandonou o estado de hibernação em que vivemos presos e saiu de casa.

Até recentemente, essa travessia, cruzar a cordilheira ou surfar no mar, supunha uma quantidade significativa de coragem, não tínhamos descoberto a luz elétrica nem mapeado o oceano com GPS, viajava-se no escuro, no meio dessa forma vaga e tenebrosa de nevoeiro, com fantasmas e monstros que se levantam na escuridão, e o coração vibrante, um certo tremor daqueles que esperam, porque esperar tem algo de busca e isso, um dia qualquer, o caminhante entende.

Que viajar pode ser uma epifania.

Que ele vai sozinho

ou sozinha.

Que se aprecia os encontros quando a fadiga lhe vence e as fantasias de deserção lhe dominam, e você sonha em voltar ao seu lugar seguro, no meu caso, minha biblioteca, meu café, minha música, uma cápsula de proteção, porque no caminho, você entende que sentir, às vezes, dói

muito,

que sair ao encontro do outro é uma possibilidade, essa distância; Eros, esse desejo; uma queda livre, um golpe seco contra a calçada, e pedaços de estrutura e pensamento se arremessam. Todo contato é crise, diz Anne Carson, e as perguntas assaltam você – Quem sou? O que quero? Como se você tivesse permanecido em estado de latência, como aqueles cogumelos no meio da floresta, aos quais basta algumas gotas de orvalho para que se multipliquem, no momento em que começa a andar, em seu corpo, sua mente, suas formas de agir e sentir, o estranhamento. Outra geografia, outro clima, outra temperatura que lhe mantém suando, esse sotaque que, se lhe pega desprevenida, você não entende e se transforma num nervo capaz de alucinar com qualquer estímulo.

Quem sou? O que quero? Tudo entra em 3D ou 4D.

Pessoas e paisagens falam ao seu ouvido, você chegou a um topo, abaixo, o estuário e o vale, e mais além, quanto falta? Quanto mais você terá que caminhar?

Às vezes, a ansiedade lhe domina,

chegar, chegar,

aonde você quer chegar?

Pelo caminho, você aprende a dar valor ao final da viagem. Sonhar esse momento, entregar-se à sua finitude.

Para sair de casa, você precisa ter fé, acreditar que o que você procura está lá fora, de toda forma, você se pergunta por que, por que caminha o que caminha, indo de povoado em povoado, de conversa em conversa, de língua em língua. Por quê? Você também aprende a não fazer perguntas inúteis, como essa que repete, entende que a vida é um movimento contínuo e a cabeça corre a mil quilômetros por hora, tudo é possível, nada tem sentido.

Às vezes, você sente raiva.

Às vezes, você quer trapacear;

às vezes, você mente;

às vezes, você quer fugir de si mesma, não saber que está se enganando dando voltas com as mesmas dúvidas, as mesmas pessoas. Sempre tudo igual.

A viagem é uma espécie de exílio? Em alguns momentos, lhe parece muito.

Todos os caminhantes são viajantes? De certo modo.

Exploradores?, de todas as formas, basta olhar pela janela para entender que nossa existência neste planeta frágil e bonito é um milagre do acaso.

Nossa exploração do espaço físico começa quando somos pequenos, muitas vezes, com um vaso e aqueles tatuzinhos que viram bolinhas na palma das mãos; a hipnose desse movimento é definitiva:

a vida que se manifesta fora é diferente da sua; ali, do outro lado da cerca, as coisas são diferentes e o mistério, o fogo, a graça.

Mas nossa exploração não é apenas física, senão, hoje não estaríamos celebrando livros, histórias e imagens. Em todas as culturas, as primeiras explorações começam com a música da língua, sua prosódia, ta-ta, na-na, lá-lá, bebês tateiam sons antes de engatinhar ou se mexer, e isso se transmite em canções, jogos de palavras, assim, um dia, começamos a caminhar balbuciando palavras que não necessariamente sentimos como sendo nossas, mas que permitem que nos apropriemos do mundo, pequenos exploradores de sons e silêncios, nossa poética nos abriga e, aos poucos, nos introduz no mundo. Deveríamos prestar atenção à língua infantil, porque as crianças eliminam fronteiras a cada momento, e buscam conhecer a Ilíada, de Homero!, mesmo que morem na América Latina, esses deuses caprichosos e de gênio ruim os enchem de curiosidade; mais perto, Quetzacóatl, Huitzilopochtli,* mitos e aventuras em palavras impossíveis de pronunciar,

esses zês e têsles,

a complexidade da língua, suas interdições se tornam um jogo. Massinha na boca das crianças.

Nossa língua não é um instrumento neutro, claro, aprenderemos isso no contato com o outro. Seus sons, chistes ou fofocas, isso que as crianças adoram repetir

---

* Quetzacóatl é o deus da vida, luz, fertilidade, civilização e conhecimento, um dos mais importantes da cultura mesoamericana, considerado a principal divindade do panteão mexica. Huitzilopochtli era a principal divindade dos mexicas, associada ao sol, também conhecido como Ilhuicatl Xoxouhqui ou Tlacauepan Cuexcotzin [N.T.].

ou contar na frente de um adulto, carregam parte dos ensinamentos, alegorias, fábulas e preconceitos que ela transmite. "Contar é ouvir", alertou Úrsula K. Le Guin,[4]

porque a língua ressoa, sempre

porque escrever é reproduzir esse som,

puro ouvido,

porque o silêncio dos livros, esse efeito colateral que ocorreu com Gutenberg e com a imprensa, não importa para as crianças.

Eles dão ouvidos à língua,

a sua, a de outros, de qualquer um.

Nossas viagens começam quando somos pequenos, como essas miniaturas retratadas em *O senhor dos anéis*,[5] uma ideia e um retorno do *hobbit* Bilbo Bolseiro, vamos e voltamos, não importa o quanto a rota exija, as crianças levam todo o tempo para aprender, e cito Gabriela Mistral:

"*Continuo vivendo à caça da língua infantil, que persigo desde meu exílio desse idioma, que dura já vinte anos. Longe do solar espanhol, a mil léguas dele, continuo esquadrinhando o mistério cristalino e profundo da expressão infantil*".*

---

* MISTRAL, G. "Colofón con cara de excusa". In: *Desolación. Ternura. Tala. Lagar*. México (D.F.): Porrúa, 2006. No original: "(...) Camino viviendo a la caza de la lengua infantil, y persigo desde mi destierro del idioma, que dura ya veinte años. Lejos del

Hoje celebramos uma festa de exploração.

Sair ao encontro dessa música,

nós, os chilenos convidados, desejosos do sotaque *paisa*,* que projeta cavidades e vales, ansiosos para que algo dessa forma fonética volte para casa conosco, para devolver a música aos seus livros, para que eles ressoem e possamos escutá-los.

Mas também, é importante dizer, celebramos esta festa num momento particular da história da humanidade, quando a migração, esse movimento daqui para lá que fez parte das explorações de nossa espécie, nossa forma de apropriação do mundo, é vista com desconfiança e tentamos colonizar a língua, território e imaginário, tal como os Yaqui entraram no Velho Oeste: a tapas e pontapés, enterrando, de uma vez só, cosmogonia, música e língua Cherokees, Cheyennes e Apaches. **

---

solar español, a mil leguas de él, continúo escudriñando en el misterio del cristalino y profundo de la expresión infantil".

* O espanhol *paisa* é uma variedade de espanhol falada na região de Paisa, na Colômbia, que abrange a maioria dos departamentos de Antioquia, Caldas, Risaralda, Quindío e em algumas partes de Valle del Cauca e de Tolima [N.T.].

** Os Yaqui são um povo indígena do México que habita o

Quem é você, o que você quer?, perguntas enterradas pelo horror. Arame farpado, filhos separados dos pais, formulários ridículos distribuídos entre caminhantes mortos de medo, metralhadoras, binóculos de longa distância, tanques, verdadeiros corredores militares se erguem entre países, porque o outro, o diferente, é meu inimigo, minha ameaça. E recebemos o recém-chegado com um sorriso congelado, quem é ele? O que ele quer? Minhas perguntas e as suas sob suspeita. Fazemos o impossível para cortar o caminho deles e, se conseguirem atravessar a cerca, passar pela mira do fuzil e se instalar, a desconfiança se volta contra o sotaque, língua deles.

Ninguém deve ser desterrado de sua própria língua. Nunca.

Isso deveria ser proibido sob pena, porque migrar não tem nada a ver com perder nossa prosódia, mas com a capacidade que demonstramos de ouvir a música do outro.

---

vale do Rio Yaqui, no estado mexicano de Sonora e no sudoeste dos Estados Unidos, e que também têm comunidades em Chihuahua e Durango. Os Cherokees, Cheyennes e Apaches eram algumas das centenas de tribos que habitavam a América do Norte (sobretudo na região onde atualmente se localizam os Estados Unidos) no período da Colonização. [N.T.].

Com nossa capacidade de traduzi-la,

o que equivale a entendê-la e amá-la, como se ama tudo aquilo que nos enriquece e complementa.

E cito Giorgio Agamben: "Escrever significa: contemplar a língua, e quem não vê e não ama sua língua, quem não sabe soletrar sua tênue elegia nem perceber seu hino flébil, não é escritor".[6] Os livros são especialistas em migrantes, abriram caminho entre fronteiras desde que foram criados, graças a eles, mitos, conhecimentos naturais e elaborados, fantasias e imaginários viajaram em maletas e mochilas. Dizer que sou escritora é assumir essa migração, porque não sabemos onde irão parar nossas palavras, onde cairá nossa música, mas esperamos que ela chegue a outro para preenchê-lo de sentido, esperamos que esse outro, esteja onde estiver, considere necessária a conversa que propomos, nossa linguagem.

Os livros são um convite. Eles propõem uma viagem. Um peregrino que vem de outra terra, de outro tempo e nos convida a ouvir sua música, uma forma particular de dizer, sua língua. Um segredo que se transmite de conversa em conversa, de povoado em povoado, e para isso, só temos que o abrir, dar esse passo à frente.

A revolução dos hormônios

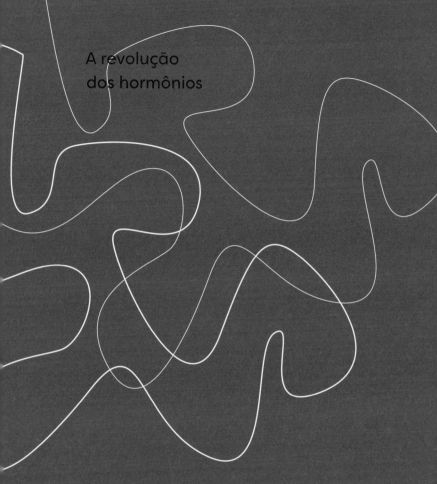

Aula inaugural do curso homônimo dentro do MOOC *Leitores mutantes*, durante os meses de abril-maio de 2019, gerenciado pelo Laboratório Emília de Formação, a cargo da Comunidad Autónoma de Madrid (CAM).

Como se constrói um imaginário, uma estética? Como um adolescente compõe sua maneira de ver e pensar? Como o dentro e o fora acomodam aquela jovem ou aquele rapaz de um país latino-americano, europeu, africano ou asiático, em outras palavras, uma jovem ou rapaz desta era global? Sair de casa, ir além do território, cruzar o mar, o deserto, uma pulsão tão juvenil, hoje explode em milhares de direções; até mesmo no absurdo de navegar sem sair do computador, como se sair fosse ir para dentro e cada vez mais fundo. Os anseios adolescentes nunca chegaram tão longe antes. Vivemos "aos pés de um abismo vibrante e aterrorizante",* como David Bowie descre-

---

* Entrevista de David Bowie à BBC em 1999, na qual o cantor e compositor se referiu à internet: "Acho que o potencial do que ela vai fazer à sociedade, tanto de bom quanto de ruim, é inimaginável". Disponível em: <tinyurl.com/z6w6m4d> (Acesso: 31 ago. 2020).

veu o mundo virtual. Um espaço que se expande e se retrai, a nossa era é individual, não coletiva. As lutas daqueles que queriam mudar o mundo nas décadas passadas foram substituídas por fogos que acendem e se apagam com a facilidade com que o mar entra e se afasta. Brigas travadas na rua ou nas redes, mas que, assim como aglutinam, separam, incapazes de modular um discurso coletivo e dar corpo a suas demandas. A cada instante, esquecemos o que queremos, que seres humanos desejamos exaltar, que pessoas pretendemos ser em meio a essa rede à qual doamos livremente nossa intimidade. E aí estão nossa jovem ou nosso rapaz, estão os muros de arame farpado e os corredores armados com militares procurando a brecha, o inimigo tem a imagem do migrante ou do refugiado, um Cérbero menino-menina-jovem-rapaz ameaça, no fim das contas. A era do voyeurismo, da *smart-tech*, é uma era de párias, de uns contra os outros, de todos contra todos, navegamos na solidão de nossos celulares, no silencioso metro quadrado de telas planas.

Paremos por um momento; como essas palavras soam, como essas coordenadas são lançadas em nosso imaginário: adolescência, juventude e era atual? Que fotografias elas trazem? Convoquemos, por um minuto, nossa própria jovem ou rapaz, aquele ou aquela de quem fugimos, e dentro desse universo de fantasias, seu território. No meu caso, tenho que levá-los ao Chile, um país no fim do mundo, não mais do que uma risca entre o mar do Pacífico e o cordão dos Andes. Longa linha de vales transversais. Um país minúsculo, com apenas dezessete milhões de habitantes no total. Por outro lado, Pequim possui vinte e um milhões, São Paulo doze e, por sua vez, a Cidade do México oito milhões. O tamanho importa para a nossa jovem ou para o nosso rapaz. Sua percepção de mundo, sua relação com o outro, com os outros, com Eros, é maquiada pela paisagem que ele habita. E eles são essa franja minúscula, esse pedaço de areia do Adriático ou do deserto do Saara; o gelo dinamarquês; as florestas e o verdor asturiano; quilômetros de costa, um monte de pedras espalhadas por toda parte. A mineralidade deveria estar presente em qualquer imaginário, um DNA esculpido pela diversidade de cores, tons e formas, sobretudo sua permanência, mas nossa jovem ou rapaz, como qualquer outro neste mundo hiperconectado, não cuida de sua herança, eles transitam, como afirma Byung-Chul Han em *Hiperculturalidade*,[7] liberados do "sangue" e do "solo", turistas do mundo virtual: vestem-se no estilo usado por meninas ou meninos nas séries; cortam o cabelo como o jogador de futebol ou o ator da Netflix; ela, com um vermelho furioso nos lábios, embora não permitam em casa, ajeita os cabelos numa trança para o lado, a saia vários dedos acima dos joelhos, sem se importar se suas pernas parecem mais volumosas do que as das meninas da TV. O mesmo com ele e seu topete e esse estilo *a la Peaky Blinders*,* jaqueta e jeans skinny; ambos são, aqui e em qualquer lugar, jovens hiperculturalizados. E eles vão para a escola, ela e ele, expondo-se ao olhar de seus colegas de classe, às suas vaias e comentários em surdina, sonhando que, qualquer dia, darão um salto e os deixarão para trás.

Seres em transição. "Uma simetria entre o que morre e o que está começando a florescer", como Louise Glück diz,[8] nem menina nem mulher; nem menino nem homem. O que lhes permitirá dar o salto? Em outras palavras, construir-se, ser. E ela

---

* Série de TV britânica ambientada em Birmingham, na Inglaterra, logo após a Primeira Guerra Mundial, que narra a história de uma família de gângsteres conhecida por ter navalhas costuradas nos chapéus e promover um inacreditável esquema ilegal de apostas em corridas de cavalos [N.T.].

"literalmente fala com deus, acha que alguém no céu está ouvindo",[9] porque nossa jovem ou rapaz são pura física e metafísica, enquanto ajustam suas roupas, esperam encontrar sentido em sua existência. E eles ensaiam discursos opondo-se ao aquecimento global, defendendo minorias, lutando em favor das mulheres ou contra os úteros, não sabem muito bem, às vezes se deixam levar por uma mania conservadora e querem reprimir tudo, como se, com esse gesto, pertencessem, porque nossa jovem ou rapaz querem pertencer a um grupo ou a uma tribo, fazer parte daquilo que os seduz. E ensaiam. Não sabem se recuperam o passado da mesa da família ou o mandam voar para longe, têm os olhos postos para fora, querem ser *iguais* a essa massa indefinida que os persegue com *likes*, e toda vez que alguém ri deles, sofrem, se castigam, como se esse "grande irmão" tivesse o poder de fazê-lo desaparecer com um *unfollow*.

"Uma obra de arte, especialmente uma obra literária, nos convida a uma conversa íntima e estabelece uma relação direta com cada um de nós, sem intermediários", escreveu Joseph Brodsky.[10] O poeta, tal como adolescentes e jovens, conhecia o exílio. Saiu de casa, chorou, sofreu e escreveu. A literatura pode ser um refúgio, um espaço de palavras próprias, nosso cobertor, um quarto próprio. E a jovem ou o rapaz sonha em descobrir seus porquês, engolir o mundo, mudar suas raízes ou partir. Somente a juventude vive essa pulsão maníaca, uma maravilhosa capacidade de alucinação que oscila entre a vida e a morte.

Chegar ao estrelato.

Cruzar o oceano.

Redefinir a natureza, enfrentar o selvagem.

Dizer tudo e não dizer nada.

Fracassar miseravelmente.

Teatralmente.

Morrer.

Até o último vestígio.

Eles acreditam na imortalidade e com esse fogo avançam. Não querem ser ensinados, estão fartos de sermões, desejam descobrir por si mesmos e buscam, como se busca entre as pedras, mudando, se transformando em algo impreciso, multiforme, não sabem bem o quê.

> De repente é a máquina alegre
> De repente tem uma fantasia selvagem
> De repente começa a rir
> De repente fecha o bico
> De repente começa a correr por sua vida

De repente tem uma palavra que é suficiente
De repente dá tudo como garantido
De repente sabe exatamente o que quer.[11]

E olha para o céu, essa panorâmica que nos cobre e os introduz no mistério – a morte, os mortos – nessa imensidão, não há dúvida, estão algumas das respostas para suas perguntas, mas a jovem ou o rapaz olha para longe porque para lá lança uma flecha, não leram Julio Ramón Ribeyro, mas sabem que "a única maneira de continuar vivendo é manter serena a corda de nosso espírito, tenso o arco, apontando em direção ao futuro".[12] Assim é que cuida do futuro.

Os primeiros passeios costumam ser dolorosos, estranhos, a sensação de estar, como cantava Cerati, "na beira da cornija quase a ponto de cair", é recorrente; mais tarde, alguns anos depois, ele se acostumará com suas formas, sua afinação e entrará cheio de juventude, mas a princípio, resiste, lutando contra suas formas, olhando na cara dos outros – o que estão dizendo de mim? Sobe o volume para ouvir, alucinando com cada gesto, porque o veredicto de seus pares cria realidade em nossa adolescente ou nosso jovem, amam ou odeiam isso. Como construir um espaço habitável? Nossa garota ou jovem volta à poética de sua infância como um refúgio, mas seu corpo muda, da cabeça aos pés; como ele se escreve, se des-creve, quando sua sexualidade explode da forma como explode? Assim como ele anseia, teme. Seu imaginário infantil, onde até pouco habitava, tornou-se um mar tempestuoso; uma multiplicidade de vozes brinca de gato e rato* por dentro, certo ou errado; saúde ou doença, alegria ou tristeza. Não é preciso ser jovem para ter ilusões sobre as coisas, anseios que desmentem a realidade que nos aflige, mas na adolescência nossos anseios também são nossos pesares. E nossa jovem ou rapaz sonha com fronteiras, além dos limites da casa que ele abandona com maior ou menor culpa, se transforma em peregrino, porque começou a andar, não sabe muito bem qual será o caminho nem em que margem o deixará.

Constrói sobre música, letras, alguém que lhe sussurra ao ouvido com certo temor que o comove, algo que ressoa, uma pausa, um silêncio insuportável.

---

* Em espanhol, *juegan gallitos*. Trata-se de um jogo em que os participantes seguram as mãos (direita e esquerda) pelos outros dedos, deixando o polegar livre para atuar como o "galo". O objetivo é pegar o polegar do oponente antes que ele pegue o dele ou deixe-o ir. No Chile, é chamado de *gallito inglês* [N.T.].

A jovem ou o rapaz busca na Literatura aquilo que lhe permite entender.

Refiramo-nos à nossa juventude. A essa adolescência difícil, ao papel que o discurso materno desempenhou em nossos imaginários, porque as mães desejam que seus filhos estudem, que contornem as complexidades, não elevem suas vozes, que arrumem o quarto, que ajudem em casa, que sejam mulheres ou homens feitos e direitos, o que quer que isso signifique nas palavras das mães. A pulsão das mães também está presente nessa fricção, a língua materna é poderosa e nossa menina ou menino constrói a partir daí. Que tarefa. Não é fácil armar-se na diferença, mesmo que anseiem por algo diferente. Nossa jovem ou rapaz busca essa fissura. Não sei se a Literatura se ocupa da *normalidade*, mas claramente trata dos casos difíceis, tem essa capacidade: ir direto na ferida. Não na cicatriz, esse deglutido individual com o qual cada um terá que se haver pelo resto da vida, mas na brecha, no momento em que recebemos esse golpe que arqueou nossas costas. E nossa jovem, nosso rapaz, gosta de ler porque os livros mostram a dor sem ataduras. A literatura lhe dá a possibilidade de se aproximar de outras vidas, outras feridas e constrói a partir daí.

Nessa idade, ressoa música na cabeça, o tempo todo, como se uma rádio estivesse transmitindo na nuca, sob o crânio. Essa música um dia começa a baixar o volume ou simplesmente para. Quando isso acontece, você deixa de ser adolescente.[13]

Os imaginários nessa idade são barulhentos: heroínas, roqueiros, vidas vividas a milhares de quilômetros por hora, que se estilhaçam como se estivessem dirigindo às cegas numa estrada de alta velocidade. Ficar bêbado pela primeira, segunda, terceira vez, até transformar isso num hábito, os limites se movem e isso lhe revela o desejo de saber quem ele é, o que ele quer, de que matéria ele é feito. *Barulho, barulho, barulho. Barulho do lado de fora. E pior: barulho por dentro*, versa Horacio Castellanos Moya.[14] Os adolescentes e jovens não calam, eles afinam suas vozes. Que livro marcou nossa passagem para a juventude? Lembramos daquela história em particular que nos introduziu em outra conversa, como se tivéssemos dando um salto no cosmos, ou dentro de nós mesmos, que não é a mesma coisa... Mas é igual?

Difícil imaginar uma ferramenta mais apropriada do que um livro nessa fase, pois a literatura é uma pergunta. Esse espaço incômodo, essa conversa entre fronteiras, uma ida e volta, tentativa e erro; e escritor escreve na dúvida, não sabe se seu passo vai deixar vestígios, e essa fragilidade está presente em sua obra. A necessidade de dizer, a pulsão por calar. Se a arte não nos subverte, o que esperar dos livros? Por que nos importarmos? E nos livros que os comovem, há muito deles mesmos. Confessar nossas leituras é uma forma de dizer quem somos. E é aí que nossa jovem, nosso rapaz, está: tentando descobrir quem é. Esmiuçando a vida, estudando-a, como se fosse um corpo inerte em uma maca. A pergunta "quem sou eu?" os acompanhará por um tempo, terão que se acostumar com esse desconforto, com o estranhamento. Terão que entender. E vão fumar, beber mais. Cortarão o cabelo, o tingirão. Ser outra, ser outro. Corem com o primeiro beijo, mas anseiam pelo que vem a seguir.

Nossa adolescente, nosso rapaz, quer experimentar sexo e transcendência.

> Estávamos prestes a executar um trabalho perfeito,
> Nathalie numa casa de pedra da Provença (...)
> Certo é que exumamos, como que por magia,
> todos, incrivelmente todos os restos do amor (...)
> teu traseiro no lugar de minha cabeça

tuas pernas prodigiosas no lugar de meus braços,
o coração na boca não sei se de teu estômago ou do meu.[15]

E eles adoram ler sobre essas quedas, se fortalecerão na luta. Têm um longo caminho a percorrer. E aspiram a essa fortaleza e marcham com o punho em riste, a favor ou contra. Os jovens são políticos, não conseguem evitar, o mundo entra neles em 3D, e não gostam do que veem. Não sei se a foto de hoje tem muito a ver com a fotografia de ontem; viemos de um século assassino, o XX, duas guerras mundiais, duas tentativas de aniquilar outros povos (os turcos aos armênios, os alemães aos judeus), três revoluções, uma extremamente sangrenta, a russa, guerras, golpes de Estado e essa tecnologia que herdamos, capaz de espionar até nossos pensamentos. O século XXI não mostra sinais de ser diferente, como se o ser humano não tivesse terminado de aprender seu papel neste planeta, porque essa vibrante e aterradora era global proclama a liberdade enquanto levanta muros. Lidando diariamente com a hipocrisia e a falta de verdade, inclusive chegamos a cunhar um termo – pós-verdade – para essa prática, porque preferimos rir, fazer *memes* do que chorar com o que vemos: crianças separadas de seus pais; filas intermináveis para preencher papéis inúteis, e ninguém garante que aquilo que desejamos para nós mesmos tenha um lugar no mundo. E nossa jovem, nosso rapaz, observam.

> Eles nos olham
> e às vezes, explodem de raiva
> e se tornam fanáticos de um lado ou de outro.
> Às vezes, é impossível sair da terra.

Às vezes, conseguem ajustar a lente, aproximar-se de tal maneira que descobrem o que fora vetado para nossos olhos.

A tarefa que têm pela frente é árdua, e nós, como adultos, deveríamos prepará-los para herdar o caos. Deixar de temer a linguagem dos jovens para nos tornarmos facilitadores desse novo pensamento, dessa conversa.

Então, nos perguntemos: se fôssemos jovens, o que leríamos? Leiamos com eles, aproximemos nossa língua da deles, olhando a Literatura como aquilo que ela representa: uma longa e quase interminável conversa sustentada pela humanidade, desde que ela povoa este planeta. Uma conversa que começou com poucas palavras e desenhos rabiscados em uma parede, e que hoje abarca quase a totalidade da experiência humana. Essa conversa é inclusiva, porque pertence à nossa espécie e, portanto, reúne meditações e desvarios. Não é especialmente juvenil, aliás, é infantil, juvenil e senil, tudo ao mesmo tempo. E cito Michèle Petit:

> Os jovens não são marcianos e, como eu ou vocês, têm uma grande necessidade de saber, uma necessidade de se expressar bem, e de expressar bem o que eles são, uma necessidade de histórias que constitui nossa especificidade humana. Têm uma exigência poética, uma necessidade de sonhar, imaginar, encontrar sentido, se pensar, pensar sua história singular de rapaz ou moça dotado de um corpo sexuado e frágil, de um coração impetuoso.[16]

Gênero, abandono, morte, fome, política, sexo, guerra, amor, raiva, demência. A literatura não deixou nada de fora; por que teríamos que separar nossos jovens de certos temas? Por que restringir a conversa e ajustar sons, por quê? Detenhamo-nos nessa menina, nesse menino, que quer conversar sobre sexo, não porque seja viciado, mas porque está acontecendo na pele deles, no corpo deles, no contato vibrante com o outro, e eles têm expectativas, querem transcender, se comprometer politicamente, querem dizer sim ou não. Essa menina ou esse menino que precisa ser encorajado a descobrir, que precisa que seus professores confiem em suas intuições, em suas buscas; de mediadores dispostos a voltar às suas próprias juventudes e olhá-los diretamente nos olhos para assegurar-lhes de que poderão encontrar respostas na literatura.

Dançar, cantar, contar

Palestra de abertura da oficina *Contar é escutar* para mediadores, editores e gestores culturais em agosto de 2019, Livraria Novesete, São Paulo.

Uma brisa
ainda não é certo que o som vá chegar.

INGER CHRISTENSEN [17]

Somos essa raça que intervém no espaço e se faz ouvir. Soamos. Nossa música é a nossa afinação do mundo e seguimos em frente com esse sotaque que nos caracteriza e nos localiza num espaço temporal: chilena, educada, de Santiago, poderia ir mais longe e dizer vulcões, terremotos e *tsunamis*. Minha voz, inflexões, gestos, falam sem precisar explicar esse imaginário que se eleva para quem escuta.

Nossos sons são a primeira maneira de dizer quem somos, o que fazemos. Acreditamos que nosso ritmo é dado pela cidade, pelo trabalho, trânsito, filhos, hipotecas e dívidas, mas é nosso corpo e língua que impõem a passagem de nossas dúvidas e buscas, às vezes lenta, outras, rápida. Acompanha nossos dias, a paisagem e a luz que ilumina nosso quarto a cada manhã. O que queremos? O que nos mobiliza? Nossa cadência é singular, deve ser assim, não existe nenhum ser humano como nós, aí é que está o mistério, a grandeza de nossa espécie, a unicidade que nos dá condições de sermos seres sociais. E tomamos daqui e dali, misturando, torcendo, percorrendo longas distâncias numa única história, a menina que fui e que agora está sentada na frente de vocês, às vezes, isso exige uma única linha; outras, não sei por onde começar, a história é difusa, difícil. Como narrar as mortes que carrego, o charco em que nadávamos, afundávamos e nossa trilha se perdia na imensidão?

Paro, pausa, respiro.

Joguei uma pedra: crianças submersas e uma trilha se esparramando no mar. "Esculpimos o tempo toda vez que contamos", dizia Tarkovski,[18] porque nossa pedra permanece suspensa e cairá quando decidirmos continuar, quando essas crianças surgirem, rindo, com uma concha de mexilhão como troféu ou um caranguejo, com suas pinças batendo no céu e entre a algaravia, alguns voltam a mergulhar, como fazem os patos, apropriando-se dessas águas, desse canal que congela a circulação do sangue. Nossa voz, nossa poética, tem essa virtude, mas há a escuta, posso prolongar esse momento o quanto quiser, contanto que consiga a atenção de quem ouve. As crianças decidem ir atrás da baleia que emergiu de um lado, bufando, lhes mostrou sua pança fatiada de preto e branco para voltar à escuridão, num movimento surpreendente, eles se jogam para trás, querem conhecer o mar, cavernas silenciosas, correntes submarinas e nadam, impressionantemente, mais rápido do que qualquer ser humano já fez, porque em sua pele brotaram escamas, e nadadeiras nos pés, talvez deem uma volta ao mundo.

Esculpir o tempo também é um trabalho coletivo, o(a) escritor(a) convoca palavras que sugerem ecos e equívocos de um público que ele(a) imagina; quanto mais honesto(a) e apegado(a) a seus sons estiver, mais irá recolher a realidade de uma maneira que será difícil de imitar, porque sua matéria, os ingredientes que reúne para escrever, pertencem ao seu ruído interior e à sua forma de soar fora, assim como as vozes daquele leitor a quem se dirige, a quem imagina e escuta, porque não escrevemos de frente para o vazio, escrevemos de frente para o leitor. Nossa espécie precisa narrar para construir identidade e, com esse gesto, recuperar sua memória, responder a perguntas essenciais, mistérios, medos. Al Álvarez, em seu livro de ensaios, *La noche*,[19] expressa isso assim: "Nos últimos cem anos, perdemos o contato com a noite (...), nossa última fronteira. Mas colonizar a escuridão não é o mesmo que resolver seus mistérios", porque a outra escuridão, a da alma ou da mente, aquela noite escura que nos aprisiona, não desapareceu depois do surgimento da eletricidade, deslocou-se para outro território. E falamos sobre essas questões quando levantamos a voz para contar.

> Uma buliçosa multidão de comunidades étnicas, de mitologias elaboradas, de conhecimentos naturais tradicionais chegou até nós à margem de todas as formas de alfabetização. Não há um único ser humano no planeta que não tenha uma ou outra relação com a música. A maior parte da humanidade não lê livros. Mas canta e dança.[20]

Gosto dessa frase de Steiner porque nos lembra de algo essencial em nossa partitura: vivemos dentro do ato do discurso. A tradição greco-latina que condiciona a nossa civilização é de caráter essencialmente verbal – "o princípio é a palavra" –, a linguagem nos permitiu esse jogo da memória, mas também é constituída por sons, pausas, crispações, crenças, magia, para-frente-para-trás, perto-longe, o inefável se localiza mais além do que qualquer fronteira da linguagem. A observação do mundo, algo a que as crianças dedicam boa parte de suas horas, é uma porta para o mais puro entendimento.

> Como se alguém tivesse juntado o tempo e o houvesse empurrado pela porta do quarto.[21]

Superada a fronteira da linguagem, surge a imagem, seus sons, a fuga dos pensamentos do corpo, "pensar sem ideias"[22] como dizia Pessoa quando conclamava a sentir para criar. Essa é a tarefa do(a) escritor(a). Traduzir seu tempo e vicissitudes, oferecer um absoluto e não sua conjectura, derramar sobre o texto toda a sua capacidade de escuta, de si mesmo e de seus leitores. O(A) escritor(a) compromete seu mundo no ato de traduzir o mundo ao seu redor. Ele(a) não transcreve a realidade, a escuta, conjectura, pondera, fantasia, interpreta.

> Se o artista se expressa, não é em absoluto para gritar diante de um abismo e ouvir, como retorno, o eco de sua própria voz. Não, a arte é inviável se não houver

quem a perceba. Por isso, exigir que um artista seja compreendido por todos equivale a dizer que ele deixa para trás sua espécie e se transforma num computador capaz de calcular todos os possíveis movimentos espirituais de seus espectadores.[23]

A quem aquele que escreve invoca? Em nome de quem ele levanta a voz? Qual é esse público? Voltar a essas questões se faz necessário quando a palavra se afasta da praça, do fogo e do mistério, quando as perguntas essenciais (a noite, a morte, os medos, os sonhos, os mistérios) desaparecem de nossos discursos, da conversa cotidiana. Antes, muito antes, era fácil pesquisar esse pertencimento, ele se escrevia em nome do povo ou de Deus, em todo caso, de algo sagrado ou significativo para a grande maioria; a relação com o mistério fazia parte da conversa social, humana. Ninguém se levantava para falar em nome próprio, o corpo social era invocado porque esse corpo participava da busca, de seus símbolos. Hoje, parece que a palavra basta para explicar, e vivemos presos em discursos vazios, na demagogia, na hipocrisia. Reclamamos dessa era individual que suprime o outro como possibilidade, a era de Narciso, nosso regente, essa figura homem/mulher eternamente apaixonado por si mesmo(a), incapaz de se relacionar com outra pessoa que não seja a sua própria imagem, e resumimos nossa experiência de leitura a "gostei", "não gostei". É tudo o que podemos dizer sobre um livro? Como se ler fosse esse movimento dos dedos, *like*, *un-like*, um emoticon e não o ato de sair de nossa realidade para encontrar o outro. Apropriamo-nos do texto de tal maneira, que lemos apenas o que é conveniente para nós, o escritor não é mais um tradutor da conversa social, ele é amigo ou não, gosto/não gosto.

Tornou-se lugar-comum atribuir esse fenômeno às redes sociais e à nossa persistência como usuários de aparatos tecnológicos, quando deveríamos começar culpando Gutemberg, como dizia Úrsula K. Le Guin. No momento em que as palavras se transformam em letras de molde e correm de mão em mão, a leitura vai do som ao silêncio, da praça ao dormitório, os livros agem da mesma forma que a internet; a leitura de ficções torna-se pessoal e o espaço coletivo desaparece do imaginário. O leitor é tentado a "servir-se da leitura como mera afirmação de si mesmo",[24] como adverte Bértolo, esse movimento narcisista de ler a si mesmo no texto. Claro que culpar os leitores e/ou a mudez dos livros pela infantilização de nossa era e pela superficialidade de seus discursos é um exagero. Há também a indústria.

> No momento em que chegamos ao vale-tudo na literatura, a uma espécie de democracia midiática em que tudo é bom (o importante é ler), pois aí acaba a literatura, e acaba em grande parte porque estamos dando merda para os leitores.[25]

Instalada, a ideia de que qualquer leitura vale a pena, de que só pelo fato de ler nossos jovens entrarão no mundo do pensamento crítico, da estética e das buscas essenciais, é uma falácia, além de uma estupidez soberana. Hoje, as casas comerciais de livros estão empenhadas em captar aquilo que os jovens querem ler, para lhes oferecer exatamente isso: seu próprio reflexo, e Narciso, nosso regente, volta mais uma vez a tomar conta da cena. A questão não é o que os jovens querem ler, mas o que queremos debater, que sons, quais belezas. E isso não é válido apenas para editores, mas também para mediadores de leitura. "Quão legítimo é impor uma seleção considerando critérios estéticos pessoais?", me perguntaram em muitas oficinas, e a resposta é bastante óbvia: toda mediação tem a estética pessoal como ponto de partida. Somos leitores, somos seletivos, até mesmo astutos, e franzimos o cenho quando uma obra nos desilude, quando nos parece que a voz não dá o tom ou não é ouvida; o que devemos procurar não é esconder nossos gostos, não há nada que seduza mais os jovens do que as paixões de outros, trata-se, antes, de sintonizar nossas obsessões e buscas, com as suas buscas, tropeços e questionamentos nesse longo período de tentativa e erro em que vivem. Testar com eles não significa sair de nossa estética, mas sim fazer um movimento que tenda a reunir conversas, até mesmo para fazê-las colidir, debater, devolvendo o caráter coletivo à literatura, seu espaço na praça pública e no movimento social.

Então, voltamos ao ponto de partida: um livro deve fazer-se ouvir, traduzir a música de um espaço temporal, suas conversas, problemáticas, sua escassez e abundâncias, sua memória. E o mistério?

> A humanidade, no decorrer de sua história, sempre se distancia mais das fontes do mistério e aos poucos vai perdendo a memória daquilo que a tradição lhe havia ensinado sobre o fogo, o lugar e a fórmula, mas, de tudo isso, os homens ainda podem contar a história.

> O que resta do mistério é a literatura e "isso" pode bastar.[26]

Acessamos o mistério por meio de uma história, nos lembra Agamben. Perder a relação com o fogo significa perder nossa memória e identidade, pessoal e coletiva; não falamos mais de música, porque somos incapazes de reproduzi-la, esquecemos as orações, os cantos, a oralidade como vínculo com o nosso passado e essas histórias que outrora foram transmitidas para dar voz e corpo às nossas ideias e emoções, aos nossos medos mais profundos. Como diz Hannah Arendt, uma vez que damos um rosto a ele, o mal torna-se uma coisa banal, o medo do escuro e de todos os seus monstros termina justamente no momento em que crianças e adolescentes são capazes de narrar o que acontece com as mandíbulas embaixo de suas camas ou com as aranhas que se aninham dentro de seus travesseiros. E é isso que a literatura faz, revelar a forma vaga da escuridão, em outras palavras, descobrir o que tem debaixo da cama ou atrás das cortinas.

> Escrever significa: contemplar a língua, e quem não vê e não ama sua língua, quem não sabe soletrar a

tênue elegia nem perceber o hino flébil, não é escritor.[27]

A língua fornece sentidos comuns, comunitários e públicos, é herdeira da praça, desse espaço de encontro com o outro e, portanto, fornece significados debatidos e colocados à disposição de um grupo para o qual as palavras são vínculos irrenunciáveis. Desse modo, a escrita imita a maneira como os primeiros habitantes compartilhavam suas vivências em torno do fogo: reúne, convoca, tece suas redes, reafirma esse eu-social e, ao mesmo tempo, representa uma paisagem, uma forma de olhar e fazer, de falar, de dizer. A representação íntima de seus silêncios.

> Deve ter parecido um ato de magia, ou diabólico, sagrado em qualquer dos casos: sobre um pergaminho cheio de tinta ou uma tábua com incisões, viajavam, no espaço e no tempo, palavras, histórias, mandatos. O poder da memória e a memória do poder. O memorável. Cabe entender a leitura como uma conquista irreversível, sem derramamento de sangue, desacompanhada de qualquer exploração ou escravidão. Como território livre, fronteira de um horizonte que

não acaba, lar nômade, pátria sem patriotismos, grata intempérie (...). E cabe refletir sobre por que cabe o que cabe e por que não cabe o que não cabe (...). Responsabilidade tanto daquele que fala quanto de quem escuta, daquele que escreve e de quem lê. A literatura como pacto de responsabilidade é a noção do literário (...). E que, com efeito, toda leitura é pessoal, se bem que – e precisamente por sê-lo –, é leitura compartilhada, comum, coletiva.[28]

Qual é o medo dentro da linguagem?

Texto lido, como introdução, na mesa "O papel das narrativas na construção do humano: direitos humanos e literatura", no âmbito do II Seminário Internacional Arte, palavra e leitura – Leitura e Escrita: lugares de fala e visibilidade, em março de 2019. Para este livro, foi ampliado.

> Uma conversa é uma viagem e o que lhe confere valor
> é o medo. Você vem a entender a viagem porque teve
> conversas, não o contrário.
>
> ANNE CARSON[*]

Qual é o medo dentro da linguagem? A pergunta formulada por Anne Carson é uma buzina, um alarme que não cessa; Roberto Bolaño dizia que o problema, no fim das contas e quase sempre, era o que fazer com o horror, porque o mal está presente na História e a Literatura deve se ocupar disso, censurando crueldades, estupidezes ou infâmias. Às

---

[*] CARSON, A. Kinds of Water. In: SONNENBERG, Ben. *Grand Street*, v. 6, n. 4 (Summer, 1987), pp. 177-212. No original: "Conversation is a journey and what gives it value is fear. You come to understand travel because you have had conversations, not vice versa".

vezes, a vida pode ser insuportável, e no entanto, no do meio desse fogo cruzado, com a floresta em chamas, narramos.

Tememos e contamos. Esperamos, sofremos, amamos e continuamos narrando; por quê? Quando dizemos medo, quando falamos de sombras, brechas guardadas em nossos bolsos e a presença do mal incrustado no corpo, onde localizamos o atrito? Onde queima?

O corpo literário.

O corpo social.

O corpo físico.

As etapas da vida de qualquer ser humano são determinadas pelo corpo. Essa é a matéria da literatura: a vida, a morte e suas nuances. Não é fácil crescer, tornar-se outro, algo incerto. Falamos de massa, corporeidade, porque as mudanças são sentidas no corpo, a cada instante uma cara nova, e não sabemos o que fazer com ela. Somos os mesmos, mas nossa cara nova nasceu, vai nascendo, e com certeza será diferente. De uma forma que é difícil de explicar, tentamos mostrar à nossa cara nova que somos aquela cara que se foi, a cara velha na nova que nos deram, mas ela não escuta, está decidida a bagunçar a nossa forma. E recuamos. Nossa carne se expande, nossos

ossos, forma física presente na hora de determinar: cresço, morro. E nos ressentimos disso.

Devíamos nos perguntar por que, se as plantas, os animais, e até mesmo algo tão rotundo como a Cordilheira dos Andes, cresce, envelhece e morre, é tão difícil para nós aceitar essa nova cara, e aí estão, dois polos que parecem opostos, temendo o corpo: o adulto que foge da decadência e o adolescente que cresce, tarefas aterradoras. Eles não sabem quem encontrarão do outro lado. Existe medo aí, um certo horror também. A vertigem de não saber quem sou, o que quero. As perguntas que habitam o adolescente vão acompanhar o caminho que ele empreender, serem descobertas. E a maré os obriga a manter os pés no chão enquanto seus corpos se expandem, seus peitos crescem, para cima e para baixo, seus ânimos, gostos, modos de fazer e de pensar.

Ex-filhos tornados manifestos: Eles são. Estão.

Curiosamente, na hora de pensar em livros para jovens, costumamos esquecer o corpo, como se fosse possível separá-lo da experiência de desenvolvimento, como se fosse possível separá-lo do horror. Como se a literatura fosse uma conversa apartada da forma física e de sua inteligência; em vez disso, lhe damos a mente, as transições do pensamento, como se o crescimento estivesse acontecendo ali e apenas ali, na cabeça. Depois nos surpreendemos com o aumento da depressão como doença social, jovens e adultos doentes com tanta cabeça, tanta algazarra, tanto juiz julgando por dentro.

Somos animais corporais, nossa experiência de vida é mediada pela pele, mãos, nosso sexo, o menino ou a menina abandonam a infância quando seu corpo físico se transforma. Um processo irreversível. O medo na linguagem, então, para um adolescente, é o medo desse outro, desse alguém que ele desconhece, mas que caminha para fora e para dentro dele com determinação soberana. Impossível sair do corpo e com que força o sexo determina. O despertar sexual os surpreende como um chicote. Num dia qualquer, na rua ou em casa, de repente, uma ereção, um rio entre as pernas, antes e depois.

Olhar, tocar, a qualquer momento os sentidos são liberados e o sexo irrompe. Esse medo existe.

Odi et amo. "Odeio e amo. Como assim? Não sei: só sinto e me-torturo-me";[29] o verso de Catulo arde na pele deles, torturando-os curva acima ou curva abaixo, e eles ensaiam diante do espelho, cabelos e bigodes, uma mitocôndria alucinando nessa partitura celular – o sexo.

Os adolescentes, meninas e jovens, sentem o desejo com a força de um segredo que os separa de seus pais, de sua infância, de seus quartos. De repente, tudo se torna alheio, bonecas e carrinhos, o pôster pendurado na parede. Nada voltará a ser como antes. O despertar sexual, seu desenvolvimento, é um impulso para fora, e eles se tornam sociais, peregrinos. O lar não é suficiente. Não será mais. Buscam, com quem? Com quem? Se não fosse pelo desejo, você abandonaria sua casa?

> Virgindade, virgindade, onde vais que me abandonas?
> A ti não voltarei, não voltarei jamais!
> (...)
> O amor que desata os corpos
> me meteu num torvelinho,
> o Amor, serpente invencível
> doce, e amarga às vezes...[30]

O medo da linguagem, então, também é o medo do sexo. Porque o adolescente desperta para uma narrativa que desconhece, para um corpo cheio de erotismo e desejo.

Mas não dizemos nada.

O corpo literário.

O cânone.

Os dadaístas russos alegaram, em plena Primeira Guerra Mundial, e com razão, que era um erro ir de encontro ao corpo, que era necessário atacar a forma da velha cultura.

O corpo social.

movimentos de dança, o riso

liberar o corpo

atacar a forma da velha cultura

o corpo feminino sepultado sob o estereótipo, menina, virgem, sedutora, mãe, filha, mulher, puta, serpente, serva, diabólica, bruxa. O corpo social não tem sido benevolente com o nosso sexo; antes, tem procurado sustentar a suspeita, como se a qualquer momento a menina, filha, jovem desvelasse sua verdadeira face. Quanto medo nessa linguagem!

Questionemos o cânone, aqui, agora. As mulheres sempre escreveram. Nós não nos calamos. Muitas se afastaram para dizer; na América Latina, desde a Conquista. Não foram poucas para quem escrever supunha abandonar tudo, casa, família e filhos, mas não se calaram. Seu coro de vozes foi avultando uma conversa, as mulheres existem, o sexo existe. O medo na linguagem também.

Qual é o medo que ajudou a nos silenciar?

Porque o "cânone literário" foi constituído pelos homens, que explicaram como escrever, como ler, como temer o nosso corpo que nunca foi como o descreveram ou sublimaram. E se lermos com atenção, às vezes, é possível pensar que aqueles homens que escreveram realmente desconhecem as curvas femininas e como chegamos a um orgasmo. E apesar de tudo, essas vozes masculinas foram as que foram inscritas e imortalizadas na fileira dos clássicos. Isso, claro, não foi falta de rigor ou talento das escritas femininas. Essa é a forma da antiga cultura. O corpo social. O corpo literário.

> Não creio que os seres humanos tenham, enquanto seres humanos, nenhum motivo fundante de orgulho. Não creio que seja um motivo fundante de orgulho ser mulher, homem ou homossexual, não creio que seja motivo de orgulho ser mãe, pai ou não o ser, e creio menos ainda que uma dessas condições humanas seja motivo de humilhação. Uma das coisas que hoje mais envenena o mundo da retórica da literatura é uma construção sobre simples condições humanas.[31]

Questionar o cânone é questionar o *corpus* literário, o corpo social e físico. Descobrir que nossa sexualidade não é apenas uma condição como qualquer outra condição humana, mas que é necessária para assumir nossa própria voz. Qual é o medo dentro da linguagem? O que não dizemos, o que gritamos; o que preferimos ocultar, o que mostramos; o que nos surpreende no meio de uma noite numa terra estranha, e entendemos que, mesmo que estejamos acompanhados, mesmo estando a quilômetros de casa, nossa ferida permanece conosco. O que fazer com o horror, o que fazer com o corpo, o que fazer com esse outro que se aproxima sem permissão? É esse o medo que perpassa a linguagem: expressar, com toda a sua beleza, as mudanças insuportáveis e de uma escrita a outra comunicar uma conquista espiritual, um ato de apropriação, a língua?

Ensinaram-nos a honrar as formas. O que é certo e o que é errado. Ensinaram-nos a esconder nosso desejo, a desprezar nossa efervescência física. Ensinaram-nos a manter distância, não mostrar, enquanto nosso corpo se transforma, se desenvolve e morre. Queremos que nossos jovens perpetuem essa conversa? Parece-me que não, que é hora de questionar o cânone e libertar o corpo. Permitir que as vozes circulem, todas as vozes; escutar nossas histórias, tantas histórias, nossa espécie e todas as suas raças, sua beleza; escutar nossos corpos, todos os corpos, sobretudo isso, porque nele há mais inteligência do que queremos reconhecer, e está na hora de que ele nos acompanhe para concretizar a mudança.

Mulheres nas horas vagas

Texto lido durante a mesa "Eu sozinha ando bem, mas com você ando melhor: feminismo e literatura" no âmbito do seminário *O prazer de ler*, organizado pelas Bibliotecas comunitárias de São Paulo, agosto de 2018. O título é um aceno ao livro de Carson *Men in the Off Hours*.

> Todo contato é crise (...).
> Todo toque é um golpe modificado.
> ANNE CARSON

"Talvez a tarefa mais difícil que enfrentamos diariamente seja tocarmos uns aos outros, seja contato físico, moral, emocional ou imaginário". *Todo contato é crise. Todo toque é um golpe modificado;*[*] escutemos a forma como soam as palavras de Carson. Nós, mulheres, com demasiada facilidade, aceitamos essa dureza. A do golpe, do toque. Durante anos, nos acostumamos

---

[*] CARSON, A. "Dirt and Desire: Essay on the Phenomenology of Female Pollution in Antiquity". In: *Men in the Off Hours*. New York: Knopf, 2000, p. 130. No original: "perhaps the most difficult task we face daily is that of touching one another – whether the touch is physical, moral, emotional or imaginary. Contact is crisis. As the anthropologists say, 'Every touch is a modified blow'".

a nos mover numa sociedade patriarcal, em que os homens tinham um espaço na linhagem familiar: o filho herdou a terra, a casa, o sobrenome, tudo o que permanece. Nós, mulheres, por outro lado, nascemos forçadas a nos mover. Sair de casa era a ordem simbólica atribuída, deserdadas ao nascer.

> No mundo antigo, vamos chamá-lo de mundo da tradição (...) o problema das meninas é, no fundo, bastante simples. Trata-se sempre de saber se e como uma filha vai se casar. Trata-se de saber como ela vai passar do estado de virgem sedutora ao estado de mãe oprimida.*

É assim que saíamos para ocupar o lugar da mãe na casa de outro homem que repetia o mesmo ideal. A nossa é uma história infinita, poderíamos

---

* BADIOU, A. "La féminité". In: BADIOU, A.; CASSIN, B. *Homme, feme, philosophie*. Paris: Fayard, 2019, arquivo kindle. No original: "Dans le monde ancien, appelons-le le monde de la tradition, qui est un monde de plusieurs millénaires, un monde dont l'épaisseur historique est énorme, la question des filles est, au fond, assez simple. Il s'agit toujours de savoir si et comment une fille va se marier. Il s'agit de savoir comment elle va passer de l'état de vierge séduisante à l'état de mère accablée".

narrá-la desde o início dos tempos da mesma maneira, incluindo nuances, sem grandes mudanças de filhas para mães, geração após geração; nessa ordem, ocupar o lugar da solteirona, da emancipada ou da bruxa, era uma forma de exílio, então foram poucas, contadas, as que esticaram o arco, para dizer isso de uma forma poética.

E, no entanto, cá estamos. Num novo despertar.

Motivada pelos protestos femininos em meu país, a pergunta, que nós mulheres sabemos de cor, começou a fazer barulho em mim. O que podemos dizer ao mundo dominado pela forma masculina, essa herança que lhes dá permissão para quase tudo, enquanto sofremos continuamos com direito a tão pouco, e a resposta era abismal? Eu poderia alegar tudo e nada, indistintamente, sem medo de errar. Porque sabemos de histórias herdadas por nossas mães, avós, tias. Sabemos, porque os vivemos, de abusos, alcoolismo e surras. Sabemos, sem necessidade de serem nossas, de crianças, chupetas e mudas. Sabemos, sem que nos expliquem, que a paz está a milímetros da guerra, que tudo muda a qualquer momento. Sabemos que a verdade é tão pessoal quanto coletiva, assim como as mentiras. Sabemos que quando falamos em sexo invocamos um tipo de erotismo sobre o qual os homens pouco conhecem. Sabemos da tolerância, porque não somos forma, ou melhor, apesar dessa forma, somos água e podemos nos colocar no lugar dos outros. Sabemos que não lideramos a guerra, ainda que a soframos, ainda que estejamos, de mãos dadas, combatendo-a, protegendo nossos filhos, socorrendo os feridos. Sabemos que podemos olhar tão alto que alcançaremos uma certa sabedoria, e tão baixo para tocar a escuridão, a rua, o verdadeiro medo. Não há histórias sem mulheres; porém, não fomos nós que falamos, foram eles, os homens que falaram por nós e nos pediram silêncio, porque nosso lugar tem sido junto aos fracos, porque pedimos misericórdia quando eles clamavam por justiça. E não importava que soubéssemos que essa justiça não nos abrangia, embora a praticássemos diariamente, nosso nome estaria sempre inscrito à parte. A memória, durante séculos, permaneceu ancorada no homem, apesar de nós, mulheres, estarmos presentes na língua, na faca e na cama.

Mas os tempos mudam e nós, mulheres, nos mobilizamos novamente, agora em massa. A pergunta que devemos formular como sociedade para transmiti-la aos nossos jovens é o que é ser homem e o que é ser mulher neste século que nos convoca. Sustentar uma conversa sobre o feminino e o masculino, sem dar lições sobre seus resultados, porque se formos sérios, digo sérios o suficiente para levantarmos o tema, nos daremos conta de que este é um problema sem solução. O que é o feminino e o masculino? Quais são os seus espaços próprios? Eles existem? As mulheres continuam morrendo por causa da violência masculina; por quê? O que acontece com esses homens que assassinam suas parceiras? Nessa doença social, seria preciso entrar e abrir a horrível caixa de Pandora que ela é. Por outro lado, o mal-entendido, a falta de conhecimento, dominou nossas relações e nos enfrascou nessa forma binária na qual não há aproximação possível: o masculino e o feminino, dois corpos, duas estruturas mentais, uma e outra subordinando-se, anulando-se. Ler a Constituição política dá um calafrio que desce pela espinha: ali, em letras maiúsculas, homens e mulheres estão separados por um abismo, como se, na verdade, não tivéssemos nada a ver uns com os outros. Poderíamos pensar mal dos homens e dizer que eles nunca se aproximaram de nosso espaço para adivinhar o que acontecia em nosso imaginário, nosso corpo. Ou, que assim fizeram porque, efetivamente, se aproximaram sim, há vestígios dessa pergunta desde as primeiras civilizações, ainda que suas versões, no final, não tenham favorecido nosso gênero; o ponto é eles que nos olharam cheios de preconceitos, isto é, como olhavam a si mesmos, e prefeririam conviver com essa imagem, a que formaram de nosso sexo.

> As mulheres da mitologia regularmente perdem sua forma na monstruosidade. Io se transforma em uma novilha. Calisto se torna um urso; Medusa faz cobras brotarem de sua cabeça e Cila, cães uivantes de seus quadris (...). O pensamento grego concorda que o estado mais saudável de um ser humano é a secura. "Uma alma seca é mais sábia e melhor", dizia Heráclito.*

---

* CARSON, A. "Putting Her in Her Place: Woman, Dirt, and Desire". In: *Before Sexuality: The Construction of Erotic Experience in the Ancient Greek World*. Princeton: Princeton University Press, 1990, p. 135. No original: "The women of mythology regularly lose their form in monstrosity. Io turns into a heifer, Kallisto becomes a bear, Medusa sprouts snakes from her head and Skylla yelping dogs from her waist (...). It consensus of Greek thought that the soundest condition for a human being is dryness, provided it is not excessive dryness. 'A dry soul is wisest and best,' Heraklitos asserts'".

O que somos nós, mulheres, senão a água? Movimento constante, cortante, mudança de marés, fluidos corporais e mentais. Na representação grega, essa forma se dilui e adota outra. Seres perigosos e imprevisíveis, como as Mênades (mulheres furiosas) ou suas deusas: "Atena, antes de seu suposto renascimento da cabeça do imigrante deus grego do trovão, Zeus, parece ter sido não apenas a deusa da lua do amor e da batalha, de origem norte-africana, mas também a patrona de todas as artes femininas", diz Robert Graves em seu ensaio *The universal Paradise* [O paraíso universal].[32]

Nada secas, todas úmidas.
Homens secos, mulheres líquidas.

Vamos dar um ponto aos homens: nossa natureza mutante e essa propensão a ter empatia pelo outro, a sentir com os demais, os intrigava; a pergunta sobre homens e mulheres permaneceu viva na literatura e no resto das artes, por muito tempo. Somos diferentes, independentemente dos preconceitos e arquétipos, e havia consciência disso. O problema é que, de um tempo para cá, deixamos de nos questionar para aceitar a forma, homens secos, mulheres líquidas, água escorrendo por toda parte. E numa linha que poderíamos completar com mais espaço, aterrissamos nesta era, que propagou as fantasias masculinas, as mulheres se olhando nos olhos dos homens. A título de exemplo, em meu país circula, com total impunidade, a ideia de que o verdadeiro remédio para a histeria é o estupro. Em outras palavras, que muitas mulheres precisavam ser estupradas para melhorar sua saúde mental. A ideia de que no imaginário feminino o estupro exista como uma possibilidade de abordagem sexual é tremendamente masculina, mas também fala de um desconhecimento absoluto por parte dos homens sobre como funciona o prazer sexual nas mulheres. A capacidade de sublimação e jogo implicados em nossa sexualidade é muitíssimo mais delicada do que qualquer tipo de brutalidade ou pornografia. Nós, mulheres, gostamos da narração, não só verbal ou escrita, mas daquela que se oferece à nossa pele, nossas coxas, nossas costas curvadas por uma expiração. E isso requer tempo e elegância. E sobretudo, água.

"Essas mulheres!", diz minha mãe com uma voz rouca exasperada.
Mãe escolheu um canal aleatório.
Mulheres?

Reclamando sobre estupro o tempo todo
Vejo que ela está batendo furiosamente um dedo no jornal de ontem
que está ao lado da geleia de uva.

A primeira página tem uma pequena nota
sobre uma marcha pelo Dia Internacional da Mulher –
Você deu uma olhada no Catálogo de Verão da Sears?

Não.
Ora, é uma vergonha! Esses maiôs –
o tecido começa aqui! (ela aponta) Não sei porque se espantam com isso!*

---

* CARSON, A. "The Glass Essay". In: *Glass, Irony and God*. New York: New Directions Publishing, 1995. No original: "Those women! says my mother with an exasperated rasp./ Mother has chosen random channel./ Women?// Complaining about rape all the time/ I see she is tapping one furious finger on yesterday's newspaper/ lying beside the grape jam.// The front page has a small feature/ about a rally for International Women's Day—/ have you had a look at the Sears Summer Catalogue?// Nope./ Why, it's a disgrace! Those bathing suits—/ cut way up to here! (she points) No wonder!".

Ideias masculinas se apropriando de imaginários femininos. Vivemos nesta que amplia preconceitos e, muitas vezes, os propaga por medo. Do que os homens têm medo? Da emancipação feminina!, claro, de que um dia afirmemos que nossos corpos nos pertencem, que podemos viver sem nos transladarmos da casa do pai para a casa do marido numa roda infernal; que deixemos de ter filhos, só porque é o que se espera de nós, a serviço de uma humanidade feroz, e assim cumprir nosso dever de assegurar a sobrevivência de nossa espécie. Historicamente, as mulheres têm sido trabalhadoras aplicadas, como as formigas, costumamos trabalhar infinitamente melhor do que os homens, precisamente, por causa da obediência, é claro, já que a temos praticado desde tempos imemoriais. Então, no pesadelo masculino, um dia nossos corpos preferirão não fazer ninhos, coletaremos material genético suficiente para sobreviver e faremos das amazonas o mundo inteiro. Continuaremos sendo mulheres se deixarmos nossos filhos e o sexo para trás? Essa é uma pergunta retórica, obviamente, porque nosso sexo não é determinado pela maternidade nem pelo marido, esse é o problema, que nossas belas humanidades tenham escrito uma ameaça de fuga, dentro e fora de casa. Ah, homens, isso deve ser temido.

E continuamos falando sobre sexo.

Sexo, sexo, sexo.

O sexo nunca é tão importante quanto na boca dos homens. Estamos viciadas nessa conversa? Nós não. Ou, sendo sinceras, às vezes sim, mas não como imaginam nossos irmãos, em nossas fantasias há muita água. Não existe nada parecido com esse "se esfregar" ou "sacudir", nossa elegância, em termos de sexo, é garantida pela água, senhores, prestem atenção. A suavidade daquilo que flui.

Então, que alertemos sobre a ignorância e peçamos respeito, é premente no estado de tensão em que o mundo se encontra. Precisamos que a história feminina se faça ouvir, porque ela não esteve ausente, nos faltou garra, sim, impormo-nos à força de tapas e de pontapés, como eles fizeram, para lhes explicar, como fizeram conosco, aonde nos levou o erro. Fazer com que nos escutem é tomar consciência, antes de tudo, de que à margem do batalhão de mulheres que seguiram a tradição de esposas-mães chefes de família, um pequeno grupo assumiu o posto da palavra, transmitindo vivências, descobertas e receitas para enfrentar um espaço dominado principalmente por homens. Histórias que, aos poucos, foram construindo, em alguns casos, uma tradição; em outros, um motivo de luta. Narraram de suas celas – aquelas que foram parar em mosteiros e clausuras –, também contaram aquelas que, assumindo o consenso social, se casaram e tiveram filhos; e aquelas que se puseram à parte e rejeitaram categoricamente essa conveniência social, escrevendo sob olhares desconfiados. Por muito tempo, esse alerta associado aos perigos da mulher independente, educada e leitora sobreviveu. A autonomia feminina, essas vozes nos disseram, era o começo do fim. Um pequeno livro podia perfeitamente ser a porta de entrada para uma vida licenciosa, mal construída. Aquelas que se entregavam à leitura ou a escrever cartas, no melhor dos casos, podiam acabar como a francesa Madame de Sévigné, sustentando um nó de intrigas e amantes difíceis de desvendar nas milhões de cartas que escreveu durante a vida. Esse coro feminino de vozes viveu e escreveu em tempos diferentes. Nem todas tiveram que lidar com os mesmos preconceitos, cada época aplicou suas próprias formas de subordinação. Para citar algumas, a Inglaterra georgiana recebeu a debutante Jane Austen, nesse estado de tensão e ansiedade em relação ao casamento, o *status* de "solteirona" equivalia a uma maldição social, e a América Latina de Gabriela Mistral, ou melhor, o estado conservador e asfixiante do Chile no início do século xx, a obrigou a sair correndo e escrever no exílio. Para todas elas, a qualidade de mulher deu uma periferia interessante, a liberdade que um certo tipo de invisibilidade oferece. É especialmente significativo e lúcido que elas tenham respondido ao silêncio forçado por sua condição de mulher escrevendo, porque o estado de invisível para alguém que escreve, como se sabe, é temporário, a palavra abre caminho, tecendo sua própria trama: alguém leu, escutou, se surpreendeu; alguém disse a outra, lhe contou, reproduziu uma emoção ou vibração. O tecido começa a crescer e não para, até chegar aos nossos ouvidos. Então, não importa o quão tarde cheguemos até elas, quando as descobrirmos, em suas letras encontraremos o que elas queriam dizer e disseram.

> Na época em que lutava com a língua, dela exigindo intensidade, costumava ouvir, enquanto escrevia, um ranger de dentes um tanto raivoso, o ringir da lixa sobre o gume rude do idioma (...) Agora não luto mais com palavras, mas com outra coisa.[33]

Não queremos que falem por nós. Não queremos que falem sobre nosso sexo, que nos digam como chegar ao orgasmo. Não queremos que nossos filhos morram, mesmo que não sejam nossos; não queremos nos ver envolvidas em lutas de poder e dinheiro que nada têm a ver com nossos cotidianos, mas com a ganância de quatro bandidos que governam e dividem o mundo. Não queremos esquecer. Estamos cansadas desse exercício desde tempos imemoriais, porque se nós mulheres sabemos de algo, é ir adiante, precisamente às custas de nossa memória. Deixar de lado tantas noites ruins, a incerteza de não saber o quanto o porrete vai nos machucar, quanta fúria despertará nessa tarde. Não mais. Agora é o momento em que recuperamos nossa história, pois além de toda essa narração masculina do mundo, nós relacionamos guerra e paz, miséria e heroísmo. Talvez suas palavras não tenham sido ouvidas com força, talvez não tenham batido na mesa, talvez, o porrete que lhes caía sobre as costas tirava-lhes o fôlego, talvez, tantos outros talvez, mas agora não mais. As vozes femininas se multiplicam em todos os continentes, principalmente no nosso, e perdoem esse entusiasmo e deslize chauvinista, mas nós latinas mostramos que temos uma língua poderosa, que nossas histórias são tão contundentes quanto lúcidas, que nossa memória é necessária para a conversa humana.

Quero crer que continuaremos somando vozes, que, em algumas décadas, escreveremos a história a quatro mãos: mulheres e homens. Porque somos isso: mulheres e homens. Feminino e masculino.

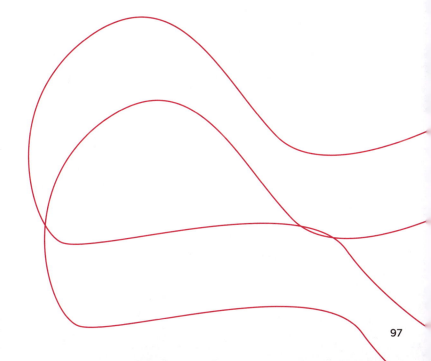

Porque escrevi

Aula introdutória da oficina *Pensamientos ligeiros* [Pensamentos leves], que ofereci em março de 2019 jovens da biblioteca comunidade de Parelheiros, São Paulo. Título extraído do poema homônimo de Enrique Lihn.

Porque da palavra que se ajusta ao abismo
surge um pouco de obscura inteligência.
ENRIQUE LIHN[34]

A pergunta sobre por que o escritor escreve tornou-se parte de qualquer questionário feito para um escritor ou escritora, como se não coubesse um *porque sim*, como se a mera inclinação não fosse suficiente para explicar. Deve haver algo. Algo que ele(a) esconde. Escritora sob suspeita, obrigada a se explicar. Que contas estão pedindo? Porque já não somos mais aquela comunidade unida sob um único discurso, palavra ou significado, nenhum orador traz *a* palavra; esse pacto social se dissolveu em múltiplas individualidades. Então, o que esperamos ouvir, que consolo encontraremos naquilo que revela, se é que revela algo, quem escreve? Pode ser que a resposta não tenha a ver com a pessoa do escritor ou escritora, mas com o que Constantino Bértolo chamou de leitura autobiográfica, isto é, "esse movimento narcisista de ler a si mesmo no texto".[35] Lemos como se nesse texto fôssemos encontrar as chaves da nossa existência, porque aí, nessas palavras, leremos a *nossa* história. Então, não nos aproximamos da voz do outro, fomos ao encontro de nós mesmos e fazemos esse movimento pedindo ao autor ou autora que nos diga ao ouvido porque a vida *deles*, vicissitudes ou dilemas, são uma versão da *nossa*.

> A literatura, sobretudo na medida em que se trata de um exercício de cortesãos ou que fabrica cortesãos, de qualquer espécie e de qualquer credo político, sempre esteve perto da ignomínia.[36]

Quem pergunta por que esquece a solidão. Esquece que o escritor ou escritora se afasta para conviver com o abismo, desconhece o tédio diante da tela, as horas de ócio ou dúvidas, esse ponto em que aquilo que aparece começa a incomodar e a batalha eclode, uma luta contra sua própria voz, seus silêncios, sua herança. "Ao terminar *Os detetives selvagens*,[37] jurei nunca mais fazer um romance-rio: fiquei tentado a destruí-lo, pois o via como um monstro que me devorava".[38] Quem fala é Roberto Bolaño e o monstro que ameaçava comê-lo, o romance que o tornou mundialmente conhecido. Nenhum escritor conhece o sucesso, o que comumente se entende por ele, esse é um estádio vetado para os artistas; em vez disso, conhecem-se as limitações; o jogo da língua, o quão disposto alguém está a jogá-lo; chega-se a saber também quanta coragem se tem, porque se escreve contra si mesmo, contra pudores e preconceitos, contra os segredos, uma luta acirrada em que a única vencedora é a Literatura, se é que aquele que escreve decide ser honesto com a história.

De todo modo, pergunta, por força de anos de repetição (desde suas origens, a palavra oral e escrita esteve ligada a um por que), tornou-se parte da profissão e nós escritores caímos no vício de nos perguntarmos por que, como e quando, desculpando-nos por aquilo que falta ou sobra, explicando o inexplicável, um certo tremor, uma certa imperfeição de um livro que nasceu como contingência ou aventura espiritual, essas "expedições difíceis que se dirigem a um núcleo imperioso e sempre elusivo",[39] que mencionou a poeta María Negroni, ao advogar pelos livros livres. Ou seja, parar de classificar em gêneros e subgêneros, quando o que temos à nossa frente, muitas vezes, é inclassificável. Porque, se pensarmos com cuidado, os livros perfeitos, esses tão queridos de que lembramos com emoção, são precisamente raros e curiosos, livros escritos com o único fervor do que é necessário. Uma pulsão que não atende nenhuma razão mais além da necessidade de dizer. Não há por que. Ou talvez, o único por que é o oferecido por Fernando Pessoa na *Revista Orpheu*:

> Toda a arte é uma forma de literatura, porque toda a arte é dizer qualquer coisa. Há duas formas de dizer – falar e estar calado. As artes que não são a literatura são as projeções de um silêncio expressivo.[40]

A esse respeito, anos atrás, a viúva e executora testamentária de Julio Cortázar, Aurora Bernárdez, encontrou, entre suas cartas e documentos, uma entrevista com a seguinte pergunta: "Sr. Cortázar, se um jovem latino-americano lhe dissesse: Quero ser escritor, me aconselhe o que devo fazer, o que você lhe diria?". E Cortázar respondeu: "*À semelhança dos mestres zen,* trataria de quebrar-lhe uma cadeira na cabeça". A resposta é maravilhosa. A cada dúvida, uma cadeirada.

Não pergunte, escreva!

Não há razões para se submeter a um exercício que lhe faz suar, sofrer, duvidar. Porque um escritor escreve, na melhor das hipóteses, é um labirinto de respostas como o jardim de caminhos que se bifurcam que Borges imaginou. Não existe uma resposta única, inteiramente válida, que justifique o trabalho, semelhante ao de escavar na encosta de um precipício. Não importa quantas horas sejam gastas, o escritor estará sempre a um passo do fracasso, do desastre total. Como o fotógrafo que insiste em capturar as múltiplas facetas de seu personagem em um único retrato, o ato de apropriação, na escrita, supõe entrar numa zona de pretos e brancos, no artifício, e isso é uma corrida contra o fracasso, porque sempre haverá uma imagem que escapa, uma palavra que não foi precisa, algo não resolvido.

Querer dizer é uma forma de intervir no mundo. O silêncio expressivo do qual Pessoa fala seria aquela interface produzida entre a realidade e nosso mundo interno, uma zona escura, o núcleo imperioso e elusivo de Negroni. Tudo o que acontece antes ou depois deve nos preocupar pouco ou nada; a leitura deveria bastar, afinal, diz-se para ser ouvido. Escreve-se para ser lido. Ou, antes, escreve-se para se ler, porque quem escreve é, antes de tudo, um leitor. Esse é o seu vício, o mais importante talvez.

Dito isto, posso contar que quando tinha oito anos, numa tarde de primavera no deserto do Atacama, descobri que meu pai tinha um mundo interior. Isto é: que meu pai era um mistério e que, por mais próximo que chegasse, nunca adivinharia quais forças, que música, que história se moviam dentro dele. Parado de frente para o mar, vendo as ondas baterem de novo e de novo, meu pai se mostrou tal como ele era: um homem, qualquer homem. Uma casca que escondia um interior semelhante à eternidade.

Ele era e não era meu pai.

A descoberta foi aterradora. Nesse instante em que se entende que aqueles que tocam em você, aqueles que estão intimamente perto de você, são um mistério. "Conhecer o outro pode ser insuportável", escreveu Anne Carson.[41]

"Papai", chamei, "papai".

Ele estava a alguns passos de distância, mas seu pensamento, seu "ser pai", viajava longe.

Aos meus pés, o castelo de areia que eu havia erigido arduamente não me servia para explicar nada.

Meu primo havia morrido havia pouco, um antes e um depois em nossa história. A morte havia entrado em nossa família, levando meu companheiro de brincadeiras, com quem colecionava conchinhas e *cochayuyo** na praia. E aí pode haver algo parecido com a origem. Porque naquela idade entendi que a realidade não era suficiente para explicar, que a distância que me separava dos meus pais era um amálgama de matérias, vozes, memórias, histórias. Que, para compreender o que estava acontecendo com meu pai, eu precisava das palavras, do artifício, e essa construção, aquele retrato em preto e branco que havia construído, me pertenceria, porque, postos no exercício da escrita, cada uma das testemunhas dessa morte a narraria de maneira diferente.

Muitos anos depois, contei esse episódio no romance *Afuera*:

> Ele nunca entendeu a magnitude do perigo, corria a trinta, quarenta quilômetros por hora, para terminar em um salto monumental: a bicicleta para cima e seu corpo jogado pelos ares. Até aquela tarde. Pegou o caminho dos ônibus – por quê? Ninguém sabe por que.

---

* Alga marinha encontrada na costa do Chile, cujo talo pode alcançar mais de três metros de comprimento e 20 cm de largura, muito utilizada em pratos da culinária chilena [N.T.].

Ele correu como um raio e o salto o deixou embaixo das rodas. Tia Elena, sem comentar, dizia "não tem sentido!, que estupidez!". Ela falava do salto, da queda. Quando se morre, às vezes os detalhes dependem de quem os narra. Para nós, seus primos, Emilio se foi com um salto. Grandioso. Ida e volta às nuvens, passagem leve, a brisa, sua risada. Para nossa tia, a derrota, o chão, o medo. Golpe seco contra a calçada e as rodas guinchando, lançando faíscas, rolando, rolando.[42]

Certa vez, disse que o exercício de escrever podia ser comparado a descer uma estrada em cima de um Aston Martin a cento e cinquenta quilômetros por hora, totalmente cega, bebendo martínis secos e sobreviver. "Porque escrevi estou vivo", versou o poeta Enrique Lihn. Sobreviver é se apropriar de palavras, oferecer por meio da língua uma versão do mundo em que habitamos, tentar compreender nosso entorno, nossos afetos e, apesar das limitações que a natureza produz em nós, nosso eu, num movimento magistral de língua, sair ao encontro do outro para significá-lo. Essa é a grandeza da linguagem, a busca humana pelo outro.

Um passo à frente

Bate-papo inaugural da oficina *Um passo à frente, um olhar estético sobre os livros juvenis*, realizado em março de 2019 para o Instituto Emília

Não seria um caso de amor perfeito,
Esse entre o peregrino e a estrada?
Certamente é uma coisa linda, o *camino*.
Ele se estende para longe de você.
Isso leva ao ouro verdadeiro: veja como brilha.
E pede apenas uma coisa.
O que acaba sendo a única coisa que você deseja dar.
Um passo à frente.

ANNE CARSON[*]

---

[*] CARSON, A. "Kinds of Water". In: SONNENBERG, Ben. *Grand Street*, v. 6, n. 4 (Summer, 1987), pp. 177-212. No original: "It would be an almost perfect love affair, wouldn't it? That between the pilgrim and the road. No mistake, it is a beautiful thing, the *camino*. It stretches away from you. It leads to real gold: Look at the way it shines. And it asks only one thing. Which happens to be the one thing you long to give. You step forward".

Peguei essa frase do título de Anne Carson, porque ela me parece sugestiva para os leitores, qualquer tipo de leitor, a ideia do peregrino e do caminho. O livro e o leitor. Porque uma história se desenrola diante de nós como uma promessa, (quase) uma história de amor. Desejamos que ela fale conosco, nos comova, ansiamos ser tocados por sua língua, palavras que ela guarda. Esse título, essa capa, esse alguém que nos recomendou, e o livro brilha como ouro, esperando darmos esse passo à frente. Não importa o caminho que um livro percorra até chegar a nós, em algum momento ele nos encontra e o temos em nossas mãos. Nós, leitores, somos buscadores, peregrinos, perseverantes, apaixonados, adoramos histórias, gostamos de destinar horas de lazer lendo. A primeira linha é um primeiro passo. Não conheço prazer mais gratificante do que ler, sobretudo, um bom livro. Mas o que é um bom livro? O que é uma boa literatura? E, sobretudo, como distinguir entre bons e maus livros? Quando sabemos que um livro é belo? Com quais critérios nós o julgamos?

Nós, leitores, somos diferentes, os livros também. O erro é pensar que um livro é para todos, não é assim. Às vezes, os clássicos, alguns autores, mergulham no mistério. Ezra Pound escreveu que a cada duas ou três décadas a humanidade dá um salto, surge uma voz, uma língua capaz de interpretar, condensar, conter as expressões humanas com todas as suas nuances. "A beleza da arte nos lembra o que vale a pena".[43] Em outras palavras, aquilo que dura. Ninguém se opõe à potência telúrica da beleza. Mas como distinguir a qualidade estética de uma obra? Não estou me referindo ao culto ao belo ou ao feio, que, para efeitos de estética, são o mesmo, algo pode ser tremendamente bonito sendo nefasto; estamos falando de uma obra capaz de representar a crueza, a frieza, a calidez e a formosura com todas as suas letras.

> O artista sério é um cientista, na medida em que apresenta a imagem de seu desejo, seu ódio ou sua indiferença como precisamente isso, como a imagem exata de seu próprio desejo, de ódio ou indiferença. Quanto mais preciso for o seu registro, mais durável e inquestionável será o seu trabalho artístico".*

---

* POUND, E. The "Serious Artist 1" (1913). *Literary Essays of Ezra Pound*. New York: New Directions Publishing, 1968., p. 46. No original: "The serious artist is scientific in that he presents the image of his desire, of his hate, of his indifference as precisely that, as precisely the image of his own desire, hate or indifference. The more precise his record the more lasting and unassailable his work of art".

Poderíamos dizer, então, que o primeiro critério de seleção é algo que precede a obra em si, algo que surge no momento de escrever, quando o artista se depara com uma pulsão. "Quando o artista se põe a trabalhar, tem que acreditar que é o primeiro a representar esse ou aquele fenômeno com uma imagem", dar forma por meio da linguagem a esse fenômeno sentido como único, irrepetível, a honestidade com a qual significa seus sonhos e quedas permitirá que ele se aproxime dos seus leitores. Mary Shelley contou uma vez que *Frankenstein ou o Prometeu moderno* surgiu de uma conversa sobre arte e literatura: "Concentrei-me em criar alguma história (...) que falasse aos misteriosos medos de nossa natureza e despertasse um espantoso horror – capaz de fazer o leitor olhar em torno, amedrontado, capaz de gelar seu sangue e acelerar os batimentos do seu coração".[44] Em outro tempo, outro lugar, a poeta russa Anna Akhmátova, que escreveu no exílio, encontrou a forma de dar sentido aos meses de espera, ao horror. Em meio ao terror desencadeado pelo Estado, Akhmátova decide não esquecer, se propõe a um resgate, como explica no prefácio de sua antologia *Réquiem*.

Nos anos terríveis da Iéjovshtchina, passei dezessete meses fazendo fila diante das prisões de Leningrado. Um dia, alguém me "reconheceu". Aí, uma mulher de lábios lívidos que, naturalmente, jamais ouvira falar meu nome, saiu daquele torpor em que sempre ficávamos e, falando pertinho de meu ouvido (ali todas nós só falávamos sussurrando), me perguntou:

– E isso, a senhora pode descrever?

E eu respondi:

– Posso.

Aí, uma coisa parecida com um sorriso surgiu naquilo que, um dia, tinha sido o seu rosto.[45]

Como ela, *Claus e Lukas*,[46] de Ágota Kristóf, *El mar y la serpiente*,[47] de Paula Bombara, *O diário de Anne Frank*,[48] *É isto um homem?*,[49] de Primo Levi, para citar alguns, são livros escritos com a mesma honestidade, a mesma necessidade de dizer. Mas a honestidade é uma garantia de beleza? Não necessariamente, a história da literatura está cheia de fracassos, porque nem a memória nem os traumas garantem as palavras. Para serem bonitos, necessários, queridos e que valham a pena, os livros também devem ser bem escritos, e não falamos sobre gramática ou redação, mas da língua, do artesanato da linguagem, a voz que um autor reproduz, essa voz estranha que, liberada do pensamento, se mostra em toda a sua expansão, diante da surpresa ou do pudor do próprio autor.

A voz estranha tem as características da poesia. E às vezes pode ser isolada do cochichar incessante de nosso ego. Desde o momento em que nos levantamos até dormirmos, a máquina se põe para funcionar e nosso diálogo interno é ativado. Esse diálogo constrói o mundo em que vivemos. Diz-nos quem somos, que coisas temos que conseguir e trata de nos fazer segui-lo ao pé da letra (...). Quando escrevo algo, tenho pelo menos duas sensações: uma, que é algo escrito por mim, que me satisfaz e me representa. Afinal de contas, tenho uma certa destreza. Mas acontece que se sente que o escritor deve sempre ir contra sua habilidade. De maneira que esses textos que parecem tão redondos e bons são, na realidade, falsos amigos. Assim, deixo-os de lado ou intervenho até que escapam de meu controle e começam a drenar a voz estranha. Então, as histórias ou poemas me dão vergonha alheia, incerteza e todas aquelas sensações com as quais é mais difícil de conviver. Assim, sei que estou, como Kerouac disse, na estrada.[50]

Capturar a voz estranha parece fácil, mas é preciso destreza, e talvez, sobretudo, coragem. Há uma anedota do escritor e jornalista José Castello que serve para ilustrar essa questão: quando ele ainda era novato, enviou um conto para Clarice Lispector, ousadamente, incluiu seu endereço e telefone no envelope, embora ele realmente pensasse que não havia possibilidade histórica de que Lispector lhe respondesse, mas ela liga para ele e diz: "Li seu conto. E só tenho uma coisa a comentar: você é um homem muito medroso e, com medo, ninguém escreve. Boa tarde". Essa "boa tarde", certamente, é uma delicadeza, porque ela não perde as boas maneiras, mas também não perde tempo, e é curta e grossa. Ninguém que tem medo pode escrever. Que clareza, Clarice. A conquista desse "pensamento sem ideias" de que Pessoa falava é uma audácia. É se submeter ao jogo da língua, da escuta, da arte.

> Sentir é criar.
> Sentir é pensar sem ideias, e por isso sentir é compreender, visto que o Universo não tem ideias.
> – Mas o que é sentir?[51]

Uma voz estranha, honesta, uma voz livre do automatismo e de qualquer tipo de petrificação do discurso, seus preconceitos, um território nefasto para a criação quando as palavras cancelam todo o direito à dúvida. Um livro é sempre uma pergunta, ou muitas, mas certamente começa com uma e sentimos esse tremor, esse silêncio, esse segredo. Algo não foi revelado, algo está esperando para se mostrar.

O prazer que o Belo inspira em nós é então facilmente compreendido: nós, seres humanos, nos encontramos na presença de um assunto que parece não ter nada em comum conosco, nem com o pensamento, nem com a inteligência, nem com a atividade. Quando, em certos casos particulares, nos parece que esse assunto expressa uma ideia, um sentimento ou manifesta um esforço, aplaudimos o que poderia ser chamado de conquista do espírito sobre as coisas.[*]

---

[*] BERGSON, H. *Cours II: Leçons d'esthétique, leçons de morale, psychologie et métaphysique*. Paris: PUF, 1992, p. 42. No original: "Le plaisir que le Beau nous inspire se comprend alors facilement, nous sommes placés nous autres êtres humains en présence d'une matière qui paraît n'avoir rien de commun avec nous, ni la pensée, ni l'intelligence, ni l'activité. Lorsque cette matière dans certains cas particuliers

E aplaudimos, porque o homem é tão capaz de produzir beleza quanto a natureza, Bergson reconhece, e esse livro, esse artifício, nos sacudiu como uma corrente elétrica, fomos tocados por sua graça, como se ele realmente nos presenteasse com um momento de epifania.

"A pátria de um escritor não é nada além da infância e da língua", escreveu Juan José Saer, poderíamos estender a frase e dizer que a infância e a língua são nossa pátria, nosso refúgio, o lugar que abandonamos para voltar. Uma ida e uma volta. Toda vez que empreendemos uma viagem, levamos nossa casa e nossa língua, e dialogamos com elas onde quer que estejamos, "lute contra sua herança, de qualquer maneira, você morrerá e os guerreiros morrem lutando".[52] Não podemos nos exilar de nossa língua, descuidar da linguagem; quando uma cultura abandona sua língua, abandona sua casa.

Então, necessariamente, os livros bonitos também são livros bem escritos. Ainda que um bem livro escrito possa ser maçante, até mesmo inteligente demais

---

nous paraît exprimer une idée, un sentiment ou manifester un effort, nous applaudissons à ce que l'on pourrait appeler conquête de l'esprit sur les choses".

para se deixar ser capturado por ele. Acontece. Entrar no cânone literário supõe uma "forma escritural", e essa forma pode ser repetida até a exaustão. Repetir-se sem sentido, até. Repetir-se por moda, por lassidão, repetir passos circulares, argumentos e história; essa é a própria decadência das letras, acreditar que tudo foi dito, que não há nada novo para descobrir, que é possível repetir até a saturação sem enfastiar o leitor. O jogo da literatura está na busca, o artista confrontado com a matéria, ou, se quiserem uma imagem mais radical, a do açougueiro que separa tecidos e gordura, corta, pica e seleciona maravilhosamente a parte magra. O problema da repetição não é somente as árvores, como dizia um crítico chileno, é uma questão de ética. Precisamos dessa quantidade de álbuns ilustrados, que acabam se parecendo de tal forma, que não importa se lemos um ou outro, porque existem três, quatro ou mais com o mesmo título, o mesmo enredo, a mesma história? A aposta literária, como dizia Roberto Bolaño, estará sempre no argumento e na estrutura. Além disso, é desse tremor, a imperfeição de um livro que nasce como uma aventura espiritual, expedições difíceis que se dirigem a um núcleo imperioso e sempre elusivo, de que fala a poeta María Negroni. O corte perfeito, a palavra precisa.

Mas isso, talvez, um último critério de beleza, poderia arriscar, é a urgência. O livro belo, necessário, que vale a pena, é um livro escrito como se o autor fosse morrer amanhã, com aquele impulso suicida, a necessidade imperiosa de dizer, aqui e agora, aquilo que está na ponta da língua. E embora o preconceito de leviandade, de entretenimento, recaia sobre a literatura juvenil, isso se deve apenas ao mercado, os livros necessários também são livros necessários para os jovens, eles também chegam a eles como objetos dignos de aplauso. Mas quando se trata de escolher, o que acontece? Temermos os livros juvenis, assim como temermos a juventude. Por que? Qual é o medo na linguagem? Subestimar a juventude é uma maneira de afastá-los do mundo em que vivem, é o próprio niilismo, desconhecer a mudança que acontece em seu corpo, em seu espírito. Coloquemo-nos no lugar deles por um minuto: a adolescência lhes dá uma nova cara e eles devem conhecê-la e reconhecer-se nela. E ainda mais, herdamos uma sociedade em crise, um sistema de mercado que aos poucos rompeu a ordem simbólica, as tradições, suas formas e discursos, sem propor algo em troca. O que um garoto ou uma garota de classe média ou classe média baixa latino-americano pode esperar? Qual é a ordem em que seus esforços e pesares se inscreverão? A sociedade de consumo é rica em produtos, mas pobre em ideias, e os jovens precisam de ideias para construir a si mesmos, eles as buscam desesperadamente.

Então, acontece com muitos livros para jovens que descuidam da língua, do conteúdo, traduções malfeitas, romances belamente ilustrados, mas com um conteúdo lamentável, são livros bonitos, mas de que maneira os acompanham se descuidam de seu tremor? Se perdermos a língua, iremos perdendo aos jovens, e precisamos – e muito – deles! Precisamos que eles empreendam a viagem, que se envolvam em ideias, que saibam imaginar uma nova ordem, uma sociedade amigável com as pessoas e com o planeta.

> A viagem da literatura, como a de Ulisses, não tem retorno. E isso é aplicável não apenas ao escritor, mas a qualquer leitor verdadeiro. Além disso, desde Heráclito já sabemos que nenhuma viagem, seja ela de qualquer ordem, mesmo viagens imóveis, não tem retorno: quando se abre os olhos, tudo mudou, tudo continua se movendo.[53]

FUGA

As colunas transcritas a seguir foram escritas no Brasil no ano 2019, dois momentos de alta densidade: a primeira, durante os dias em que a Amazônia ardia em chamas e presenciávamos a moderada resposta de autoridades e da comunidade internacional; a segunda, depois da oficina na Biblioteca Comunitária Caminhos da Leitura, em Parelheiros.

Contra nossa espécie
(incêndios vermelhos e pretos)*

> Os fuzis existem; no meio do iluminado
> gueto químico existem os fuzis,
> com sua antiquada, pacífica precisão existem
> a cena do crime existe.
>
> INGER CHRISTENSEN[54]

No dia em que o incêndio eclodiu na Amazônia, uma nuvem negra se apoderou do entardecer em São Paulo. Mais tarde, choveu água escura, água cor de sangue, cor de ferida profunda, ainda que nem todos estivessem acordados naquela hora, nem soubessem as razões desse estranho céu recortado por prédios e carvão. No dia seguinte, sim, a notícia ardia nas

---

* Depois de presenciar a nuvem negra que caiu ao entardecer de São Paulo em 19 de agosto de 2019, devido ao incêndio na Amazônia, escrevi estas linhas por desespero, texto que foi publicado no Chile pela revista Fundación *La Fuente*.

mídias sociais, causando indignação e um estado de choque difícil de descrever. Milhares de quilômetros de terra queimando impunemente: maltratados e aqueles que maltratam ao relento. Parte do patrimônio natural da humanidade estava em chamas e não havia cordões humanos a postos na linha de fogo ou ninguém para apaziguar o grito desconsolado das tribos que habitam essa reserva de biodiversidade. Nada. A resposta da mídia, por outro lado, foi mesquinha e mentirosa, até ofensiva, porque o presidente Jair Bolsonaro desmentia o que estava acontecendo, acusando movimentos verdes e veganos de falsificar notícias, culpando organismos internacionais de dar voz e voto a causas desnecessárias.

A mentira, às vezes, é tão feroz quanto o silêncio.

– Sinto que algo vai acontecer comigo.

Quem fala é uma ativista da causa indígena, que trabalha há mais de vinte e cinco anos pelos direitos dos povos que vivem na Amazônia.

– Estou caindo numa depressão da qual não sei se consigo sair. E me pergunto, realmente, de que serviram todos esses anos? A mensagem não chegou, se perdeu em algum lugar.

Ela fala da defesa das terras indígenas, essa floresta à qual eles têm direitos patrimoniais, mas que poucos governos reconheceram e pelos quais tiveram que lutar, muitas vezes apostando suas próprias vidas. Enquanto ouço sua queixa, seu desconsolo, volta à memória do trabalho realizado pela fotógrafa Claudia Andujar, com quem ela colaborou, o que foi essencial na criação da Comissão do Parque Yanomami em 1978, reserva de um dos povos indígenas mais numerosos da América do Sul, ameaçados por queimadas indiscriminadas, garimpeiros e mineradoras, que, por décadas e independentemente de seus direitos conquistados, extraíram ilegalmente as riquezas que essas terras guardam. As imagens do holocausto Yanomami, mortos por intoxicação com mercúrio, doenças venéreas, ou já diretamente assassinados, são difíceis de esquecer e, no entanto, agora reaparecem como fantasmas de uma época sombria, mas não tão distante, uma vez que o congresso brasileiro está debatendo uma lei que, se aprovada, permitiria a mineração em larga escala em territórios indígenas. Assim, é impossível pensar que os incêndios são acidentais, que não há interesses associados em limpar grandes hectares dessa flora e fauna densa e exuberante.

Muitos ativistas, como a que conversa comigo, receberam ameaças daquela forma covarde que tem uma ligação no meio da noite ou de uma pessoa que se aproxima no supermercado ou no meio da rua para transmitir um recado: "não se meta, deixe as coisas seguirem seu curso". Nesse caso em particular, deixe que o fogo devore o que tem que devorar. E, então, a frase de Alberto Manguel "não há nada mais funcional do que o capitalismo, exceto as células cancerígenas" é um triste oráculo do nosso século. Porque o câncer, neste caso, somos nós, nossa espécie que chegou tarde à distribuição das terras, porque não estava ali quando nosso planeta estava em formação e tudo era um caos de pedras, gases e lava. Quando as camadas tectônicas se assentaram, as águas se separaram da terra e, em uma cosmogonia absurdamente frágil, a vida, o oxigênio, se originaram no sistema solar. Bilhões de anos depois, e falamos de muito tempo em que a Terra trabalhou mancomunadamente para ser esse paraíso terrestre de que nos gabamos, apareceu nossa espécie. Uma dentre muitas, vale ressaltar, mas dadas as singularidades de suas formas, a maneira como seu cérebro funcionava e a necessidade de contar os dias e resguardar a memória, posicionou-se como animal dominante. Com o tempo, a possibilidade de nos narrarmos deu lugar a uma conversa mais sofisticada, mas certa:

o mistério da vida e o milagre das coincidências que a originaram. As explicações desses eventos aleatórios foram contadas ao redor do fogo, podemos imaginar: idosos, homens, mulheres e crianças reunidos para ouvir sobre fenômenos naturais, pores do sol, mudanças de estação e uma infinidade de histórias em tom reverente, com esse respeito que as coisas que estão além de nosso entendimento merecem. Esses relatos fazem parte de nossas primeiras manifestações literárias, também o relato místico que surgiu e tentou explicar o sagrado, essa origem, e o caos.

Mas, numa linha que é impossível detalhar aqui por razões de espaço, a humanidade sofisticou sua narrativa, se esqueceu do fogo e do mistério, como adverte o filósofo Giorgio Agamben; matou a ideia de Deus e, num *pimpampum*, sentiu-se senhor e mestre de tudo o que se conhece, perdoem-me os homens por colocar no masculino, mas a responsabilidade por essa barbárie corresponde em grande porcentagem a vocês, machos alfa. É claro que o movimento da língua não esteve livre do corpo, espada, sabres, socos e pontapés foram dados uns contra os outros, todos contra todos. Era preciso demarcar territórios, proteger fronteiras e apontar: meu. Agora, sentir-se dono de uma parte do planeta (ou de seu conjunto) é de uma soberba infinita, se virmos isso com a perspectiva que a ciência nos dá hoje. No entanto, no alvorecer de nossa espécie, essa necessidade, a de apropriação, se inscreveu e permaneceu em nosso imaginário como um eco, pois continuamos lutando por territórios, mesmo quando a tecnologia de satélite, esse ramo que integrou nossa capacidade de imaginar e projetar, nos mostrou que a Terra não conhece fronteiras; que os ventos do deserto do Saara fertilizam a floresta amazônica e que as águas, esse mar que cada país se apressa em chamar de "territorial", não são apenas o cenário de uma vida que desconhecemos em grande parte, mas uma boa parte de sua fauna (baleias, golfinhos, corvos-marinhos, para citar alguns), vai de um lado para o outro e, enquanto se reproduzem em águas mornas, passam o resto do ano em águas geladas. A cordura e a sensatez que eles demonstram em suas relações interespécies, embora sejam incompreensíveis para nós, são de um nível invejável de civilização.

E cá estamos nós, incendiando a Amazônia, queimando a África em milhares de focos, superaquecendo o planeta por todos os lados; supunha-se que éramos a espécie inteligente, aquela que cultivou a terra, domesticou animais, inventou a roda e abriu caminho em meio a essa natureza indômita. É fácil imaginar nossa febre, a soberba. Incompreensível é atacar a nossa casa. Pensemos por um segundo: quem atearia fogo na própria casa? Porque é isso que estamos fazendo com uma perversa pontaria. A mesma tecnologia que nos permitiu chegar ao espaço e levou Bowie a cantar *"planet Earth is blue and there's nothing I can do"* [o planeta Terra é azul e não há nada que eu possa fazer];* a mesma que nos ajudou a descobrir cadeias de DNA; a combater doenças; a entender algo do corpo humano; a que idealizou o sonar *"fish finder"*, que permite a pesca em massa (indiscriminada, quase sempre); as sondas para explorar depósitos de mineração, secando rios e matando vales, como aconteceu em Copiapó,** desse vergel no meio do deserto, hoje resta apenas poeira e um monte de subúrbios que foram construídos no leito do antigo rio. E continuamos aniquilando paisagens

---

* Verso da música "Space Oddity", de David Bowie presente no álbum *David Bowie*, de 1969 [N.T.].

** Referência à escassez de água na cidade de Copiapó, capital regional de Atacama, que enfrenta uma grave crise hídrica – o abastecimento de água potável para o lugar estaria assegurado, no melhor dos casos, somente até 2020 [N.T.].

sem sequer nos perguntarmos sobre o significado que a palavra aniquilação tem para cada um de nós, porque estamos viciados nela.

Há alguns anos, José Mujica, ex-presidente do Uruguai, se perguntou "progresso para quê?". Parece-me que essa é uma questão urgente. Porque ao longo desta jornada, a humanidade não parou seriamente para pensar, como espécie, que tipo de seres humanos queremos ser, nem qual devia ser a nossa relação com o planeta. Então, qual é a inteligência da qual fazemos alarde? Se continuarmos perpetuando o ritual da tribo, repelindo ao outro, ao diferente, àquele que chega de outras terras, maquinando estratégias para novas conquistas, de que serviu atingir essa aldeia global que McLuhan imaginou em 1968?*

Lembro-me que tinha dez anos quando soube que os budistas amavam aos seres vivos, incluindo, claro, as formigas (com as quais tive minhas próprias batalhas de extermínio) e ri muito, achei divertido

---

* Herbert Marshall McLuhan (1911-1980) foi um filósofo canadense, criador do termo "aldeia global". Ao fazê-lo, ele visava mostrar que as tecnologias que estavam surgindo então encurtavam as distâncias e que o progresso tecnológico tendia a reduzir o planeta ao que poderia ser uma espécie de aldeia: um mundo em que todos estariam conectados [N.T.].

que qualquer tatu-bola pudesse ser meu tatatatata-ravô. Hoje, penso que essa é uma forma razoável de se relacionar, ao menos um bom ponto de partida, sentir que esse outro, o diferente, animal ou pessoa, ser vivo no fim das contas, merece o respeito de um familiar, um antepassado. Porque há beleza em cada raça, cada espécie, e trata-se de ver como os peixes, as folhas ou os pássaros o fazem, tentar ver com olhos do outro, entender a vida a partir daí. Pensar na palavra gratuidade, pertencimento e apropriação, considerando que nosso planeta realmente não precisa de nós, que qualquer dia um meteorito colide contra nós e ponto final, extintos como dinossauros. Então, lhes pergunto: como vocês gostariam de ser lembrados?

Ler no cemitério*

Há um certo pudor ao admitir que você só sabe ler, que acha difícil escrever. Que às vezes lhe dizem uma coisa e você entende outra, que são palavras demais, que, não tem problema, você não é temperamental, mas não entende e fica frustrado e quer bater em alguma coisa ou alguém, porque, de alguma forma, queria se expressar, compreender, mas uma nebulosa pesada, às vezes intransponível, apodera-se de sua mente e essas palavras saltam uma após a outra, como ondas, pensa, como o mar ou o universo, em todo caso, um enorme mistério, e você se retrai, porque tem medo de confessar e dizer: "Não entendo". E a vergonha se transforma em preconceito, e o preconceito em ressentimento, como quando você vende guloseimas na rua e olha para aquele carro

---

* Coluna publicada nos *Cadernos Emília*, que inclui a experiência que tive ao visitar a Biblioteca Comunitária Caminhos da Leitura, em Parelheiros, São Paulo.

onde aquele garoto vai com uma garota, e se convence de que eles têm tudo, inclusive a felicidade que tem se esquivado tanto de você, e não consegue desviar o olhar, como se estivesse hipnotizado, alguém lhe surpreende: "cuide da sua vida!", ele grita com você e vira a cara, cheio de raiva, você poderia matá-lo, sabe que sim, mas em vez disso, vai contra si mesmo, imaginando que a vida por trás daquele carro é simples, que as tristezas são mal distribuídas e que você ficou com a pior parte. Desconfiado, ameaçador, age como se fosse assim e, de repente, não quer vender nada, não quer levar dinheiro para casa, quer fumar ou se apagar, desaparecer, porque nada vai tirá-lo do abismo, a feia dança com você e aquela garota do carro, aquela calma imaginada por trás do sonho, não lhe diz respeito, para você são pancadas, buzinas e paus.

Não ler, não escutar, ressentir-se, ser delinquente. E você corre em uma rodinha, cada vez mais forte, com a garganta áspera, olhando para a frente, para onde? Tanto faz! Um dia igual ao outro e ao outro, a rua, o dinheiro que reúne e que nunca é suficiente; os fantasmas desfilando contigo, quantos lhe perseguem, e você arranca, tira, rasga, tem certeza de que nada disso lhe afeta ou mudará suas circunstâncias, de que não há nada que lhe tire desse buraco, porque você vive preso à sua condição. Negro. Pobre. Você se vê com aqueles olhos, os dos outros, de fora, sempre de fora, desse rótulo o qual tem certeza que leva pendurado no pescoço. A felicidade está em outro canto, acredita, em uma janela oposta à sua.

E então, num dia qualquer, você ouve um boato que lhe desperta e lhe faz sonhar, a comunidade que se formou ao redor da biblioteca no cemitério se torna forte. Faço um parêntese, querido leitor, porque a primeira vez que ouvi falar de Parelheiros fiquei surpresa com essa dicotomia: biblioteca e cemitério. Livros e mortos. Palavras ditas, palavras esquecidas. Procurei no mapa: localizada na zona sul da capital, Parelheiros era uma reserva natural pouco povoada e, em si mesma, continha quase toda a água de que São Paulo necessita, e até mais, seus prédios produziam boa parte dos alimentos consumidos pela grande capital e, no entanto, o município reservava a casa do coveiro para suas meninas, meninos e jovens. Não havia um espaço mais apropriado? Ouvi dizer que sim, que houve, mas que fora substituído por um consultório médico, um dentista tomou o lugar dos livros e, na ausência de outro local, eles levaram as prateleiras para o cemitério. A história era alucinante, sobretudo porque eram jovens do bairro que se encarregavam de administrá-la. Jovens que entenderam a enorme brecha gerada pela indigência cultural; jovens cujos pais (muitos) lamentavam a chegada deles ao mundo – "outra boca para alimentar", "outro negro para perpetuar a pobreza". Não é fácil romper esse círculo, menos ainda se você é pequeno e ninguém espera que você faça alguma diferença. Mas os meninos e meninas da comunidade que formaram o *Caminhos da Leitura*, a biblioteca no cemitério, hoje cuidam não apenas de seus irmãos e dos meninos e meninas que participam do *Caminhos da Leitura*, mas falam em grandes palcos, dão entrevistas em jornais e na televisão, e dão testemunho daquilo que vale a pena. Porque às vezes, como diz Henri Bergson, o homem é capaz de fazer algo tão belo quanto a natureza.

E o nosso rapaz, que ouviu falar da biblioteca, pensou: que mal podem me fazer os livros? O que é que eu perco se tiver café, pães e fruta grátis? Muitas vezes, as mudanças começam por acaso, uma coisa leva a outra e nosso jovem cruzou esse umbral, atravessou uma porta real e outra invisível, porque não se deu conta quando todos começaram a chamá-lo pelo nome, e se sentou no meio do círculo e ouviu algumas pessoas recitarem ou cantarem, ouviu os outros se queixarem, enquanto algumas meninas faziam pequenas tranças ao seu lado, e compreendeu o significado da palavra "abundante", "comunidade", e entendeu que as palavras também são essa convivência de gestos, cantos e abraços, e, pela primeira vez, sentiu, como se estivesse vivendo dentro dele a palavra "pertencer". Sensação bonita, viciante também. E nosso jovem começou a visitar a pequena casa do coveiro todos os dias, essa construção separada em duas peças repletas de prateleiras, porta-revistas, livros, fotografias de escritores e escritoras, citações penduradas nas paredes, citações que lembram o poder aglutinador da palavra, sua capacidade transformadora, o quanto os outros tiveram que lutar na proximidade da língua. E ele entendeu algo, ou entendeu tudo.

"Não me sinto como uma vítima da minha própria história, e sim como um espectador de uma narrativa que construíram para mim e para meus semelhantes, uma narrativa sem intervenções, questionamentos ou outros rumos possíveis. Um relato construído no subconsciente de uma sociedade, pré-escrito para as pessoas negras. Romper essa barreira é difícil", diz Bruninho Souza, um dos jovens que trabalha como mediador no *Caminhos da Leitura*, "a literatura me permitiu ser a primeira pessoa do singular, me tornar protagonista da minha narrativa". Assim como o jovem da nossa história, Bruninho muitas vezes sentiu raiva: "ainda não 'me livrei' do ressentimento ou da raiva, pelo contrário, acho que a literatura me ajudou a focar nisso, a transformá-la em uma 'raiva engajada'. Muitas das grandes transformações na história da humanidade aconteceram graças a pessoas que sentiram algo sobre algo que as incomodava e empenharam esse sentimento na direção da mudança que queriam fazer".

E aí estão, já faz onze anos. Bel Santos (*Beu*, para todos aqueles que chegam a Parelheiros), educadora, pesquisadora e uma das mais ativas coordenadoras da biblioteca comunitária, que tem ajudado os jovens a administrar apoios e parcerias que lhes permitam manter e fazer crescer o *Caminhos da Leitura*, se emociona toda vez que ouve os depoimentos deles: "Embora eles não saibam os nomes dos personagens dessa saga, o maior orgulho, onze anos depois, é vê-los fazendo escolhas de vida, sem esperar que a vida lhes aconteça. Ouvi-los me comove". Tanto, que não é raro vê-la chorar sentada no meio da plateia toda vez que eles se apresentam publicamente. "Em Parelheiros, reuniu-se um grupo de jovens da mais alta qualidade humana, empenhados em oferecer o melhor para suas comunidades". São muitos os que chegam à biblioteca do cemitério espancados, furiosos", conta. "Sempre que posso e consigo, acolho essa dor e suas queixas, principalmente quando são individuais e não têm nome ou direção. As pessoas que guardam rancor, raiva, às vezes nem sequer sabem sua origem. Não há um foco e atacam qualquer pessoa, com ou sem motivo. Então, se posso, no sentido de conseguir, ajudo a perceber que ele está atacando o inimigo errado". Sua maior frustração, diz ela, é não ter conseguido atrair alguns adolescentes vulneráveis para a comunidade, nomes que ela lembra com outro tipo de emoção: "Compartilho minha derrota com o leitor deste artigo; toda vez que perdemos meninos e meninas pelo caminho, nossa sociedade perde. Perde um Bruninho ou uma Kel".

Kel é Ketlin Santos, também mediadora no *Caminhos da Leitura*, uma jovem convencida de que, para conquistar a liberdade, todo ser humano precisa se reescrever a seu modo. Entender, por exemplo, que as palavras "negra", "mulher", "pobre" não são sinônimos de delinquência ou abuso. "Quando li Angela Davis, entendi que a cor da minha pele era um problema para a sociedade; depois li Ana Maria Machado e soube que essa história era antiga, que o corpo de que falo é meu, mas outras o tiveram antes de mim.

Entendi o que era racismo, machismo, homofobia, gordofobia e tantas fobias que fazem deste mundo um lugar violento, preconceituoso e racista". Ela diz que seu corpo não deixou de ser vítima, que sabe que, para muitos, ela ainda é simplesmente uma "garota negra" e que cada mulher negra nasce com dois brancos: "um que acredita que meu corpo é um objeto manipulável e não merece respeito, e outro, que meu corpo é minha melanina – os racistas pensam que não temos direito à vida". É por isso que ela lê. Por isso que hoje é capaz de entender o enorme salto que deu ao assumir que tem o direito de escolher o que fazer com sua vida, seu corpo, sua história e ajudar outras mulheres a decidir por seus corpos, suas vidas, suas histórias.

O lugar de onde se fala, nesse pequeno e belo canto do planeta, dá o tom nas conversas, porque se fala ou se cala, poderosas ferramentas dizer ou calar, e esses jovens apelam para elas para afirmar sua luta, mas não estão sozinhos – falam ou se calam em nome de sua comunidade. Aquela que os transcende e lhes dá sentido. "Toda vez que preciso de ajuda, peço, porque não se caminha nem se vence sozinho", diz Kel.

Há frases que se repetem em Parelheiros, "cada um de nós está no mundo com os outros", "vamos juntos", "ninguém fica para trás". A comunidade do cemitério é essa que soube ressignificar a palavra "morte" e entender que para renascer é necessário morrer em certas coisas, e o cemitério, então, já não era um lugar de esquecimento, mas esse lugar em que cada um deles transita de uma morte simbólica para outra vida junto aos livros, aos testemunhos de mulheres e homens que escreveram apegados às suas ideias e emoções mais profundas. É disso que se trata a literatura, não? Bel responde: "quando me reúno com as histórias que escolhi para ler, me sinto 'a deusa do tempo e dos dois espaços': sou eu quem decide se vou ao passado, avanço para o futuro ou fico no presente. Sinto-me 'deusa da minha história' no encontro com outras histórias parecidas com a minha ou, por contradição, diferentes. Há algo mais humanizador do que se sentir capaz de ser e fazer o que se deseja?".

Notas bibliográficas

1. BATAILLE, G. (1944). "La littérature est-elle utile?". In : *Œuvres complètes*. Paris: Gallimard, 1988, p. 12.

2. CANDIDO, A. "Direitos Humanos e literatura". In: FESTER, A. C. R. (org.). *Direitos humanos e medo, AIDS, Anistia internacional, Estado e literatura*. São Paulo: Ed. Brasiliense, 1989, p. 176-178.

3. FOSTER WALLACE, D. *Isto é água*. Tradução de Daniel Galera e Daniel Pellizzari. São Paulo: Cia das Letras, 2012, arquivo kindle.

4. LE GUIN, U. K. *The Wave in the Mind: Talks and Essays on the Writer, the Reader, and the Imagination*. Philadelphia: Shambala Publications, 2004.

5. TOLKIEN, J. R. R. *O senhor dos anéis*. Tradução de Ronald Kyrmse. Rio de Janeiro: HarperCollins Brasil, 2019.

6. AGAMBEN, G. *O fogo e o relato: ensaio sobre criação, escrita ensaio e livros*. Tradução de Andrea Santurbano e Patrícia Peterle. São Paulo: Boitempo, 2018, p. 33-34.

7. HAN, B.-C. *Hiperculturalidade: cultura e globalização*. Tradução de Gabriel Salvi Philipson. Petrópolis: Vozes, 2019.

8. GLÜCK, L. "Amazons". In: *Poems: 1962-2012*. New York: Farrar, Straus and Giroux, 2014, edição Kindle. No original: "A kind of symmetry between what's dying, what's just coming to bloom".

9. Ibid. "Celestial Music". In: *Poems: 1962-2012*, op. cit. No

original: "She literally talks to god, she thinks someone listens in heaven".

10. BRODSKY, J. *Del dolor y la razón*. Barcelona: Ediciones Destino, 2000, p. 55-57.

11. CHRISTENSEN, I. *Eso*. Traducción de Francisco J. Uriz. Ciudad de México: Sexto Piso, 2015, p. 227.

12. RIBEYRO, J. R. *Prosas apátridas: completas*. Tradução de Gustavo Pacheco. Rio de Janeiro: Rocco, 2016.

13. ENRÍQUEZ, M. *Cuando hablábamos con los muertos*. Santiago: Editorial Montacerdos, 2013, p. 11. Pode ser encontrada também em *Página 12*, 22/02/2020. Disponível em: <tinyurl.com/y3qbyld5> (Acesso: 24 abr. 2020).

14. CASTELLANOS MOYA, H. *Cuaderno de Tokio. Los cuervos de Sangenjaya*. Ñuñoa: Editorial Hueders, 2015, p. 52. En español: *Ruido, ruido, ruido. Ruido de afuera. Y peor: ruido de adentro* [N.T.].

15. LIHN, E. Nathalie. In: *Poesía de paso*. La Habana: Casa de las Américas, 1966. Disponível em: <tinyurl.com/y52qyx86> (Acesso: 24 abr. 2020).

16. PETIT, M. *Os jovens e a leitura: uma nova perspectiva*. Tradução de Celina Olga de Souza. São Paulo: Ed. 34, 2008, p. 57.

17. CHRISTENSEN, I. *Alfabeto*. Traducción de Francisco J. Uriz. Ciudad de México: Editorial Sexto Piso, 2014.

18. TARKOVSKI, A. *Esculpir o tempo*. Tradução de Jefferson Luiz Camargo et al. São Paulo: Martins Fontes, 1998.

19. ÁLVAREZ, A. *La noche: una exploración de la vida nocturna, el lenguaje nocturno, el dormir y el soñar*. Madrid: Anaya & Mario Muchnik, 1997.

20. STEINER. George. O silêncio dos livros (seguido de *Esse vício ainda impune*, de Michel Crépu). Tradução de Margarida Servulo Correia. São Paulo: Gradiva, 2012.

21. CHRISTENSEN, I. *Alfabeto*. Traducción de Francisco J. Uriz. Ciudad de México: Editorial Sexto piso, 2014, p. 111.

22. PESSOA, F. "Para Orpheu – Sentir é criar (1916?)". In: *Páginas íntimas e de autointerpretação. Fernando Pessoa*. Textos estabelecidos e prefaciados por Georg Rudolf Lind e Jacinto do Prado Coelho. Lisboa: Ática, 1966, p. 216.

23. TARKOVSKI, A. *Atrapad la vida: Lecciones de cine para escultores del tiempo*. Traducción de Marta Rebón Rodrigues y Ferran Mateo Jerónimo. Madrid: Errata Naturae, 2014, p. 49.

24. BÉRTOLO, C. *O banquete dos notáveis*. Tradução de Carolina Tarrío. São Paulo: Livros da Matriz/Selo Emília, 2008, p. 51.

25. BOLAÑO, R. *Bolaño por sí mismo*. Edición de Andrés Braithwaite. Santiago: Ediciones UDO, 2006, pp. 96 e 97.

26. AGAMBEN, Giorgio. *O fogo e o relato: ensaio sobre criação, escrita ensaio e livros*. Tradução de Andrea Santurbano e Patrícia Peterle. São Paulo: Boitempo, 2018, arquivo kindle.

27. Ibid.

28. BÉRTOLO, C. *O banquete dos notáveis*. Tradução de Carolina Tarrío. São Paulo: Livros da Matriz/Selo Emília, 2008, p. 11, 12 e13.

29. CATULO. In: *31 poetas, 214 poemas*. Tradução de Décio Pignatari. São Paulo: Cia das Letras, 1996, p. 35.

30. SAFO. *No creo poder tocar el cielo con las manos*. Madrid: Ediciones Poesía Portátil, 2017, p. 47 e 55.

31. GINZBURG, N. (1975). "Ragioni d'orgoglio". In: *Opere 2*. Milano: Arnoldo Mondadori Editore, 1992.

32. GRAVES, R. "The Universal Paradise". In: *Difficult questions, easy answers*. New York: Doubleday, 1973.

33. MISTRAL, G. "Como escribo". In: *Gabriela Mistral en verso y prosa. Antología* (Real Academia Española). Lima: Santillana Ediciones Generales, 2010.

34. LIHN, E. "Porque escribí". In: *Porque escribí. Antologia poética*. San Diego: Fondo de Cultura Económica, 1997.

35. BÉRTOLO, C. *O banquete dos notáveis*. Tradução de Carolina Tarrío. São Paulo: Livros da Matriz/Selo Emília, p. 51.

36. BOLAÑO, R. *Uno siempre termina arrepintiéndose de todo* [abril, 2001]. Espanha. Entrevista concedida a Luis García. Disponível em: <tinyurl.com/y5vodbj9> (Acesso: 15 ago. 2020).

37. BOLAÑO, R. *Os detetives selvagens*. Tradução de Eduardo Brandão. São Paulo: Cia das Letras, 2006.

38. BOLAÑO, R. *Bolaño por sí mismo*. Edición de Andrés Braithwaite. Santiago: Ediciones UDO, 2006, p. 113.

39. NEGRONI, M. *El arte del error*. Madrid: Vaso Roto Ediciones, 2016.

40. PESSOA, F. *Outra nota ao acaso* (Álvaro de Campos). [1ª publicação: "Presença", nº 48. Coimbra: jul. 1936]. In: *Textos de crítica e de intervenção*. Fernando Pessoa. Lisboa: Ática, 1980, p. 279.

41. CARSON, A. *The Albertine Workout*. New York: New Directions Publishing, 2014, appendix 29.

42. BERTRAND, S. *Afuera*. Buenos Aires: Emecé (Colección del Sur), 2019.

43. POUND, E. The "Serious Artist 1" (1913). *Literary Essays of Ezra Pound*. New York: New Directions Publishing, 1968. No original: "Beauty in art reminds one what is worthwhile", p. 46.

44. SHELLEY, M. Introdução da autora. In: *Frankenstein ou o Prometeu Moderno*. Tradução de Pietro Nassetti. São Paulo: Martín Claret, 2004, arquivo kindle.

45. AKHMÁTOVA, A. *Anna Akhmátova: poesia (1912-1964)*. Tradução de Lauro Machado Coelho. Porto Alegre: L&PM, 1991, arquivo kindle.

46. KRISTÓF, A. *Claus y Lucas*. Traducción de Ana Herrera e Roser Berdagué. Barcelona: Libros del Asteroide, 2019.

47. BOMBARA, P. *El mar y la serpiente*. Lleida: Milenio Publicaciones S.L., 2016.

48. FRANK, A. *O diário de Anne Frank*. Tradução de Alves Calado. Rio de Janeiro: Record, 1995

49. LEVI, P. *É isto um homem?* Rio de Janeiro: Rocco, 1988.

50. CASAS, F. *La voz extraña*. Santiago: Ediciones UDP, 2014, p.65.

51. PESSOA, F. *Sentir é criar* (Revista Orpheu, 1916?). Sensacionismo e outros ismos. Edição de Jerónimo Pizarro. Lisboa: Imprensa Nacional-Casa da Moeda, 2009.

52. CASTELLANOS MOYA, H. *Cuaderno de Tokio. Los cuervos de Sangenjaya*. Ñuñoa: Editorial Hueders, 2015, p. 63.

53. BOLAÑO, R. *Bolaño por sí mismo*. Edición de Andrés Braithwaite. Santiago: Ediciones UDO, 2006, p. 93.

54. CHRISTENSEN, I. *Alfabeto*. Traducción de Francisco J. Uriz. Ciudad de México: Sexto Piso, 2014, p. 23.

Bibliografia

AGAMBEN, Giorgio. *O fogo e o relato: ensaio sobre criação, escrita ensaio e livros*. Tradução de Andrea Santurbano e Patrícia Peterle. São Paulo: Boitempo, 2018.

AJMÁTOVA, Anne. "Réquiem". In: *El canto y la ceniza (antología poética)*. Editorial Contemporánea, 2008.

AKHMÁTOVA, Anna. *Anna Akhmátova: poesia (1912-1964)*. Tradução de Lauro Machado Coelho. Porto Alegre: L&PM, 1991, arquivo kindle.

ÁLVAREZ, Al. *La noche: una exploración de la vida nocturna, el lenguaje nocturno, el dormir y el soñar*. Madrid: Anaya & Mario Muchnik, 1997.

BADIOU, Alain. *La vraie vie*. Paris: Fayard, 2016.

_____. "La féminité". In: BADIOU, A.; CASSIN, B. *Homme, feme, philosophie*. Paris: Fayard, 2019.

BATAILLE, Georges. (1944). "La littérature est-elle utile?". In: *Œuvres complètes*. Paris: Gallimard, 1988.

BERGSON, Henri. *Cours II: Leçons d'esthétique, leçons de morale, psychologie et métaphysique*. Paris: PUF, 1992.

BERMÚDEZ, Aurora *Cortázar de la A a la Z*. Madrid: Alfaguarra, 2014.

BÉRTOLO, Constantino. *O banquete dos notáveis*. Tradução de Carolina Tarrío. São Paulo: Livros da Matriz/Selo Emília, 2008.

BERTRAND, Sara. *Afuera*. Buenos Aires: Emecé (Colección del Sur), 2019.

BOLAÑO, Roberto. *Bolaño por sí mismo*. Edición de Andrés Braithwaite. Santiago: Ediciones UDO, 2006.

_____. *Os detetives selvagens*. Tradução de Eduardo Brandão. São Paulo: Cia das Letras, 2006.

BOMBARA, Paula. *El mar y la serpiente*. Lleida: Milenio Publicaciones S.L., 2016.

BRODSKY, Joseph. *Del dolor y la razón*. Barcelona: Ediciones Destino, 2000

CANDIDO, Antonio. "Direitos Humanos e literatura". In: FESTER, A. C. R. (org.). *Direitos humanos e medo, AIDS, Anistia internacional, Estado e literatura*. São Paulo: Ed. Brasiliense, 1989.

CARSON, Anne. "Kinds of Water". In: SONNENBERG, Ben. *Grand Street*, v. 6, n. 4 (Summer, 1987), pp. 177-212.

_____. "Putting Her in Her Place: Woman, Dirt, and Desire". In: *Before Sexuality: The Construction of Erotic Experience in the Ancient Greek World*. Princeton: Princeton University Press, 1990.

_____. "The Glass Essay". In: *Glass, Irony and God*. New York: New Directions Publishing, 1995.

_____. "Dirt and Desire: Essay on the Phenomenology of Female Pollution in Antiquity". In: *Men in the Off Hours*. New York: Knopf, 2000.

_____. *The Albertine Workout*. New York: New Directions Publishing, 2014.

CASAS, Fabián. "La voz extraña". Santiago: Ediciones UDO, 2014.

CATULO. In: *31 poetas, 214 poemas*. Tradução de Décio Pignatari. São Paulo: Cia das Letras, 1996.

CASTELLANOS MOYA, Horacio. *Cuaderno de Tokio. Los cuervos de Sangenjaya*. Ñuñoa: Editorial Huerders, 2015.

CHRISTENSEN, Inger. *Alfabeto*. Traducción de Francisco J. Uriz. Ciudad de México: Sexto Piso, 2014.

_____. *Eso*. Traducción de Francisco J. Uriz. Ciudad de México: Sexto Piso, 2015.

ENRÍQUEZ, Mariana. *Cuando hablábamos con los muertos*. Santiago: Editorial Montacerdos, 2013.

FOSTER WALLACE, David. *Isto é água*. Tradução de Daniel Galera e Daniel Pellizzari. São Paulo: Cia das Letras, 2012, arquivo kindle.

FRANK, Anne. *O diário de Anne Frank*. Tradução de Alves Calado. Rio de Janeiro: Record, 1995.

GLÜCK, Louise. Amazons. In: *Poems: 1962-2012*. New York: Farrar, Straus and Giroux, 2014, edição Kindle.

_____. *Ararat*. Traducción de Abraham Gragera López. Madrid: Editorial Pre-Textos, 2008.

GRAVES, Robert. "The Universal Paradise". In: *Difficult questions, easy answers*. New York: Doubleday, 1973.

GINZBURG, Natalia. (1975). "Ragioni d'orgoglio". In: *Opere 2*. Milano: Arnoldo Mondadori Editore, 1992.

_____. "Razones de orgullo" In: *Las tareas de casa y otros ensayos*. Traducción de Flavia Company e Mercedes Corral. Editorial Lumen, 2016.

HAN, Byung-Chul. *Hiperculturalidade: cultura e globalização*. Tradução de Gabriel Salvi Philipson. Petrópolis: Vozes, 2019.

HEANEY, Seamus. "Certidumbre en la poesía". In: *Al buen*

entendedor (Ensayos escogidos). Ciudad de México: Fondo de Cultura Económica, 2006.

KRISTÓF, Ágota. *Claus y Lucas*. Traducción de Ana Herrera e Roser Berdagué. Barcelona: Libros del Asteroide, 2019.

LE GUIN, Ursula. K. *The Wave in the Mind: Talks and Essays on the Writer, the Reader, and the Imagination*. Philadelphia: Shambala Publications, 2004.

LEVI, Primo. *É isto um homem?* Rio de Janeiro: Rocco, 1988.

LIHN, Enrique. "Nathalie". In: *Poesía de paso*. La Habana: Casa de las Américas, 1966.

_____. "Porque escribí". In: *Porque escribí. Antologia poética*. San Diego: Fondo de Cultura Económica, 1997.

MISTRAL, Gabriela. "Colofón con cara de excusa". In: *Desolación. Ternura. Tala. Lagar*. México (D.F.): Porrúa, 2006.

_____. "Como escribo". In: *Gabriela Mistral en verso y prosa. Antología* (Real Academia Española). Lima: Santillana Ediciones Generales, 2010.

NEGRONI, María. *El arte del error*. Madrid: Vaso Roto Ediciones, 2016.

PESSOA, Fernando. "Para Orpheu – Sentir é criar (1916?)". In: *Páginas íntimas e de autointerpretação. Fernando Pessoa*. Textos estabelecidos e prefaciados por Georg Rudolf Lind e Jacinto do Prado Coelho. Lisboa: Ática, 1966.

_____. "Outra nota ao acaso (Álvaro de Campos)". [1ª publicação: "Presença", nº 48. Coimbra: jul. 1936]. In: *Textos de crítica e de intervenção. Fernando Pessoa*. Lisboa: Ática, 1980.

_____. *Sentir é criar* (Revista Orpheu, 1916?). Sensacionismo e outros ismos. Edição de Jerónimo Pizarro. Lisboa: Imprensa Nacional-Casa da Moeda, 2009.

PETIT, Michèle. *Os jovens e a leitura: uma nova perspectiva*. Tradução de Celina Olga de Souza. São Paulo: Ed. 34, 2008.

pound, Ezra. "The Serious Artist I (1913)". In: *Literary Essays of Ezra Pound*. New York: New Directions Publishing, 1968.

RIBEYRO, Julio R. *Prosas apátridas: completas*. Tradução de Gustavo Pacheco. Rio de Janeiro: Rocco, 2016.

SAFO. *No creo poder tocar el cielo con las manos*. Madrid: Ediciones Poesía Portátil, 2017.

SHELLEY, Mary. "Introdução da autora". In: *Frankenstein ou o Prometeu Moderno*. Tradução de Pietro Nassetti. São Paulo: Martín Claret, 2004, arquivo kindle.

STEINER. George. *O silêncio dos livros* (seguido de *Esse vício ainda impune*, de Michel Crépu). Tradução de Margarida Servulo Correia. São Paulo: Gradiva, 2012.

TARKOVSKI, Andrei. *Esculpir o tempo*. Tradução de Jefferson Luiz Camargo *et al*. São Paulo: Martins Fontes, 1998.

_____. *Atrapad la vida: Lecciones de cine para escultores del tiempo*. Traducción de Marta Rebón Rodrigues y Ferran Mateo Jerónimo. Madrid: Errata Naturae, 2014.

TOLKIEN, John R. R. *O senhor dos anéis*. Tradução de Ronald Kyrmse. Rio de Janeiro: HarperCollins Brasil, 2019.

Agradecimentos

Este livro foi viabilizado também pelos apoiadores do projeto Emília, parceiros na aposta da importância da difusão do conhecimento, da arte, da cultura e da literatura.

Agradecemos ao Coletivo Emília, formado pelas pessoas e instituições que possibilitaram a realização deste projeto:

Ampliare Educacional, Ana Paula Lopes Leme & Lenice Bueno, Anita Prades & Carolina Splendore, Árvore, Bárbara Franceli Passos, Belisa Monteiro, Bia Gouveia, Cícero Oliveira, Denise Guilherme Viotto, Dolores Prades, Edi Fonseca & Licia Breim, Emily Anne Stephano, Fabíola Farias, Luciana Mendes Ferreira, Pierre André Ruprecht, Sandra Murakami Medrano.

Este livro foi composto em FF Scala e Filson Pro, impresso em
papel offset 75 g/m², em março de 2021 na Viena Gráfica.